农民群众学法用法
简明读本

农 业 农 村 部 法 规 司
农业农村部管理干部学院 编
中国农业农村法治研究会

中国农业出版社
北 京

图书在版编目（CIP）数据

农民群众学法用法简明读本／农业农村部法规司，农业农村部管理干部学院，中国农业农村法治研究会编．—北京：中国农业出版社，2020.11（2022.10重印）
ISBN 978-7-109-27572-0

Ⅰ.①农… Ⅱ.①农… ②农… ③中… Ⅲ.①法律－中国－普及读物 Ⅳ.①D920.5

中国版本图书馆CIP数据核字（2020）第222984号

NONGMIN QUNZHONG XUEFA YONGFA JIANMING DUBEN

中国农业出版社出版
地址：北京市朝阳区麦子店街18号楼
邮编：100125
策划编辑：刁乾超 李 晶
责任编辑：李昕昱 任红伟
版式设计：李 文 责任校对：吴丽婷
印刷：北京通州皇家印刷厂
版次：2020年11月第1版
印次：2022年10月北京第10次印刷
发行：新华书店北京发行所
开本：880mm×1230mm 1/32
印张：6
字数：160千字
定价：28.00元

主　　任：韩　俊

主　　编：王乐君

副主编：王维友　李迎宾　王　晖　赵　鲲
　　　　　赵铁桥　黄修柱　江开勇　王甲云
　　　　　朱恩林　谢　焱　孔　亮　朱守银

编　　委（按姓氏笔画为序）：
　　　　　丁荣法　刁乾超　王　柳　王玉亭
　　　　　王玉娜　王海樱　田　凤　田　雨
　　　　　冯　慧　冯汉坤　全　聪　刘　怡
　　　　　刘兆光　刘宗珍　许海晨　李　晶
　　　　　李昕昱　杨　静　杨东霞　汪　明
　　　　　陈朱勇　居　立　赵　伟　秦静云
　　　　　高圣平　章　豪　韩　洁　谢海霞

编者按

　　全面推进依法治国离不开全民参与，培养全民法治意识的前提是在全社会范围内宣传和普及法律知识。目前，国家正大力推进法治乡村建设，为全面依法治国奠定坚实基础，为实施乡村振兴战略提供法治保障。为加强法治宣传教育，推进法治乡村建设，培养农民群众的法治意识，农业农村部法规司组织农业农村部管理干部学院、中国农业农村法治研究会以知识问答形式编写了《农民群众学法用法简明读本》，方便农民群众了解我国宪法和主要涉农法律知识。希望广大农民群众通过阅读此书，能够进一步尊法、学法、守法、用法，为实现乡村全面振兴贡献更多的智慧和力量。编印过程中，得到了农业农村部政策与改革司、农村合作经济指导司、农产品质量安全监管司、种植业管理司、畜牧兽医局、渔业渔政管理局、种业管理司、农业机械化管理司的大力支持，特此感谢。

目 录

第一部分 宪 法

1

第二部分　民法典

第七部分 渔业法

第八部分 种子（种畜禽）管理有关法律规定

第九部分 关于全面禁止非法野生动物交易、革除滥食野生动物陋习、切实保障人民群众生命健康安全的决定

第一部分

宪　法

扫码阅读
《宪法》全文

Q 1. 什么是《宪法》

　　《中华人民共和国宪法》（简称《宪法》）是规定国家根本制度、规范个人与国家关系的最高级别的法律。《宪法》是治国安邦的总章程，是公民基本权利的保障书。

　　《宪法》规定国家机构的组织与运行、政府的组织与职责、国家的基本制度、公民的权利与义务等根本性问题，是国家其他法律制定的基础和依据，因此，《宪法》又被称为根本法和母法。《宪法》的核心价值在于规范与限制政府权力的行使，防止权力的滥用，它是保障公民基本权利最根本、最重要的一部法律。

Q 2. 《宪法》的作用是什么

《宪法》主要有以下 4 个方面的作用。

（1）组织和确认。《宪法》是规定国家最根本、最重要问题的国家根本法，它将国家的政治、经济、文化和社会生活等各方面的基本制度确认下来，明确国家机关之间的权力归属和分工，各个国家机关之间相互配合、相互监督，共同行使国家权力。

（2）限制和防范。《宪法》通过规定国家机构如何组成、这些机构有哪些职权、这些职权如何行使等内容，把国家机构的活动限制在一定的范围和程度。《宪法》通过规定国家机构的组织活动原则，不仅能防止国家权力的滥用，避免或减少冲突和内耗，而且使各个国家机关权责分明，运行有序，从而有效防止国家公权力对公民权利的侵害。

（3）法治的保障。《宪法》为国家机关、政党、社会组织和公民个人提供了基本的活动准则，将整体社会纳入《宪法》治理、法律治理，为建设法治国家、法治政府提供根本性法律保障。《宪法》通过调整各种社会行为，不仅使社会生活的各个方面有章可循，而且也使各个方面相互之间形成良性和谐的互动关系。

（4）保障公民基本权利。对人权的保障是《宪法》的终极目标，也是《宪法》所要发挥的最重要的作用。从根本上来说，《宪法》是规定国家与公民之间关系的根本法，保障公民基本权利是《宪法》的根本任务。

Q 3. 《宪法》在我们国家法律体系中的地位是怎样的

习近平总书记强调，我国宪法实现了党的主张和人民意志的高度统一，具有显著优势、坚实基础、强大生命力。宪法是国家根本法，是国家各种制度和法律法规的总依据。

《宪法》具有最高的法律地位、法律权威、法律效力，具有根本性、全局性、稳定性、长期性，是规定国家根本制度、保障公民基本权利的国家根本法，是保持国家统一、民族团结、经济发展、社会进步和长治久安的基础性法律，是中国共产党执政兴国、团结带领全国各族人民建设中国特色社会主义的法律保证。

（1）《宪法》的效力具有最高性，是制定其他法律的依据。

（2）任何法律不得同《宪法》相抵触，否则无效。

（3）《宪法》最核心的任务是保障公民基本权利，《宪法》所保障的公民权利具有根本性，任何国家机关、组织和个人非经法律程序不得侵犯或剥夺。

（4）《宪法》是国家机关行使公权力的最高行为准则，任何国家机关行使其权力与职责不得超越《宪法》。

Q 4. 《宪法》的主要内容是什么

　　《宪法》以国家根本法的形式，确认了中国共产党领导中国人民进行革命、建设、改革的伟大斗争和根本成就，确立了工人阶级领导的、以工农联盟为基础的人民民主专政的社会主义国家的国体和人民代表大会制度的政体，确定了国家的根本任务、领导核心、指导思想、发展道路、奋斗目标，规定了中国共产党领导的多党合作和政治协商制度、民族区域自治制度以及基层群众自治制度，规定了社会主义法治原则、民主集中制原则、尊重和保障人权原则。

　　从《宪法》的文本结构上看，我国现行《宪法》主要规定了以下几个方面的内容：序言、国家基本政治制度、国家基本经济文化制度、公民的基本权利和义务、国家机构、维护《宪法》尊严和权威的保障性措施、国家标志等，其中公民的基本权利部分尤其重要，《宪法》所保障的基本权利具有广泛性、综合性、全面性等特点，体现了我国社会主义《宪法》的优越性。

Q 5.《宪法》和我们日常生活有什么关系

　　《宪法》离我们并不遥远。实际上，《宪法》和我们日常生活息息相关，比如《宪法》所规定的国家机构的组织，是我国政府权力运行的依据，《宪法》的规定既能保障政府权力正常运行，又能规范政府权力不超越合理边界。同时，《宪法》还规定了公民大量的基本权利，如公民的生命权、人身自由权、社会保障权、公民的选举权和被选举权、公民的住宅不受非法侵犯、农民的集体土地所有权、农民的土地权益以及在征收、征用土地过程中获得国家补偿的权益等，这些都是由《宪法》首先予以规定保障、由普通立法进行具体保护的。

　　《宪法》保护我国公民的基本权利：一是财产权，即公民合法的私有财产受国家法律保护，不受非法侵犯；二是平等权，即公民在法律面前人人平等；三是自由权，主要有公民的人身自由、言论和出版自由、迁徙自由、结社自由、通信秘密自由、宗教信仰自由等；四是受益权，包括生存权、工作权、请愿权、诉愿权、诉讼权和受教育权等；五是参政权，主要包括选举权、被选举权、罢免权等。

6.《宪法》为何规定生产资料的社会主义公有制是我国经济制度的基础

　　《宪法》第六条规定：中华人民共和国的社会主义经济制度的基础是生产资料的社会主义公有制，即全民所有制和劳动群众集体所有制。社会主义公有制消灭人剥削人的制度，实行各尽所能、按劳分配的原则。

　　生产资料公有制指生产资料归社会成员共同占有的所有制形式。社会主义公有制即生产资料的全民所有制和集体所有制。公有制经济是社会主义的根本经济特征，是社会主义经济制度的基础。我国是社会主义国家，要坚持和完善工人阶级领导的以工农联盟为基础的人民民主专政的政治制度，走共同富裕的道路，必须坚持社会主义公有制。以公有制为主体、多种所有制经济共同发展的社会经济制度，是坚持国家的社会主义性质的必要保证。

《宪法》第六条

……社会主义公有制消灭人剥削人的制度，实行各尽所能、按劳分配的原则……

Q 7. 我国为何坚持按劳分配为主体、多种分配方式并存的分配制度

《宪法》第六条规定：国家在社会主义初级阶段，坚持公有制为主体、多种所有制经济共同发展的基本经济制度，坚持按劳分配为主体、多种分配方式并存的分配制度。

我国还处在社会主义初级阶段，经济发展虽然取得显著进步，但与世界许多发达国家相比还存在很大差距，人民生活水平仍然有待提高，我国还有相当一部分地区和人民没有摆脱贫困与落后，解放和发展社会生产力、提高人民的生活水平仍然是我国长期的艰巨任务。

历史经验证明，搞单一的公有制经济，不利于社会生产力发展。在公有制为主体的前提下，发展多种所有制经济，是发展中国社会生产力的客观需要和必然要求，有利于中国经济的迅速发展，有利于综合国力的增强和人民大众生活水平的不断提高。社会主义初级阶段多种分配方式的并存，是多种所有制经济、多种经营方式、市场经济运行的内在机制等诸多因素共同作用的结果。

Q 8. 怎样理解我国农村集体所有制经济

《宪法》第八条规定：农村集体经济组织实行家庭承包经营为基础、统分结合的双层经营体制。农村中的生产、供销、信用、消费等各种形式的合作经济，是社会主义劳动群众集体所有制经济。参加农村集体经济组织的劳动者，有权在法律规定的范围内经营自留地、自留山、家庭副业和饲养自留畜。

集体所有制是"社会主义劳动群众集体所有制"的简称，是社会主义社会中生产资料和劳动成果归部分劳动群众集体共同占有的一种公有制形式。集体所有制是中国公有制经济的重要组成部分。在农村表现为各种形式的地区性农业合作经济组织和其他生产、供销、信用、消费、工副企业等合作经济；在城镇表现为手工业、工业、建筑业、运输业、商业、服务业、修理业等集体经济。

Q 9.《宪法》对自然资源的所有权是如何规定的

《宪法》第九条规定：矿藏、水流、森林、山岭、草原、荒地、滩涂等自然资源，都属于国家所有，即全民所有；由法律规定属于集体所有的森林和山岭、草原、荒地、滩涂除外。

自然资源权属制度是规定一个国家的自然资源归谁所有、使用、收益、处分等一系列法律制度的总和，是自然资源保护管理中最有影响力、不可缺少的基本法律制度。《宪法》确认了自然资源的国家所有权制度和集体所有权制度。在我国，矿藏、水流、森林、山岭、草原、荒地、滩涂等自然资源，都属于国家所有，集体组织根据法律的规定可以取得部分自然资源的所有权，个人一般不享有对自然资源的所有权，但是个人可以根据法律的规定享有对自然资源的使用权。

Q 10. 《宪法》对土地所有权是如何规定的

《宪法》第十条规定：城市的土地属于国家所有。农村和城市郊区的土地，除由法律规定属于国家所有的以外，属于集体所有；宅基地和自留地、自留山，也属于集体所有。国家为了公共利益的需要，可以依照法律规定对土地实行征收或者征用并给予补偿。任何组织或者个人不得侵占、买卖或者以其他形式非法转让土地。土地的使用权可以依照法律的规定转让。一切使用土地的组织和个人必须合理地利用土地。

土地所有权内容包括对土地的占有、使用、收益和处分4项权能，同时对土地所有者及其代表行使权利有3条重要的限制：①行使权利不得违反法律、行政法规规定的义务；②权利所有人不得违反其与土地使用者签订的土地使用权出让合同或者土地承包合同中约定的义务；③土地所有权禁止交易。

Q 11. 国家征用个人财产时《宪法》如何保护公民的合法私有财产所有权

　　《宪法》第十三条规定：公民的合法的私有财产不受侵犯。国家依照法律规定保护公民的私有财产权和继承权。国家为了公共利益的需要，可以依照法律规定对公民的私有财产实行征收或者征用并给予补偿。

　　国家对公民私有财产的征收、征用必须满足为了公共利益的需要这一目的。

Q 12.《宪法》对保护和改善生活环境和生态环境是怎样
　　规定的

　　《宪法》第二十六条规定：国家保护和改善生活环境和生态环境，防治污染和其他公害。国家组织和鼓励植树造林，保护林木。

　　面对资源日趋短缺、环境污染严重、生态系统退化的严峻形势，《宪法》确立了尊重自然、顺应自然、保护自然的生态文明理念，经济发展必须走可持续发展道路。坚持节约资源和保护环境的基本国策，对自然资源的开发要本着节约优先、保护优先、自然恢复为主的方针，推进绿色发展、循环发展、低碳发展，形成节约资

源和保护环境的空间格局、产业结构、生产方式及生活方式，从源头上扭转生态环境恶化趋势，为人民创造良好生产生活环境。为贯彻保护环境的基本国策，各级国家机关和政府职能部门要优化国土空间开发格局，珍惜每一寸国土。发展海洋经济，保护海洋生态环境，坚决维护国家海洋权益，建设海洋强国。要节约集约利用资源，控制能源消费总量，加强节能降耗，推进水循环利用。要加大自然生态系统和环境保护力度，扩大森林、湖泊、湿地面积，保护生物多样性。加快水利建设，增强城乡防洪抗旱排涝能力。加强防灾减灾体系建设，提高气象、地质、地震灾害防御能力。加强生态文明制度建设，积极开展节能、碳排放权、排污权、水权交易试点。建立完整的生态文明制度体系，健全自然资源资产产权制度和用途管制制度，划定生态保护红线，实行资源有偿使用制度和生态补偿制度，改革生态环境保护管理体制，使生态环境保护制度化、常态化。

Q 13. 如何理解"公民在法律面前一律平等"

《宪法》第三十三条明确规定：中华人民共和国公民在法律面前一律平等。

公民在法律面前一律平等，是我国公民的一项基本权利，也是一项基本原则，其含义是指：

（1）全体公民都平等地享有《宪法》和法律规定的权利。

（2）全体公民都平等地履行《宪法》和法律规定的义务。

（3）国家在适用法律时，对所有公民的合法权益都平等地予以保护，对所有公民违法和犯罪的行为，都平等地追究法律责任。

（4）任何人都不得享有超越《宪法》和法律的特权。

Q 14. 什么是公民的选举权和被选举权

选举权和被选举权是公民的基本政治权利之一，是公民最重要的一项民主权利。行使选举权和被选举权是公民参加国家管理、行使民主权利的重要形式，体现了人民管理国家的主人翁地位。《宪法》第三十四条明确规定：中华人民共和国年满 18 周岁的公民，不分民族、种族、性别、职业、家庭出身、宗教信仰、教育程度、财产状况、居住期限，都有选举权和被选举权；但是依照法律被剥夺政治权利的人除外。从这一规定可以看出，《宪法》所规定的选举权和被选举权具有非常强的普遍性。

Q 15. 什么是公民人身自由权

公民人身自由权，是指公民依法享有自由活动而不受他人干涉，不受非法逮捕、拘禁，不被非法剥夺、限制自由及非法搜查身体的自由权利。人身自由不被限制和剥夺是公民最基本的人身权利，是公民享受其他权利和自由的基础。广义的人身自由权除了公民的人身自由不受侵犯，还包括人格尊严不受侵犯、公民的住宅不受侵犯，公民的通信自由和通信秘密受法律保护等。

《宪法》第三十七条规定：中华人民共和国公民的人身自由不受侵犯。任何公民，非经人民检察院批准或者决定或者人民法院决定，并由公安机关执行，不受逮捕。禁止非法拘禁或以其他方法非法剥夺或者限制公民的人身自由，禁止非法搜查公民的身体。

从以上规定可以看出，限制、剥夺他人的人身自由是有严格的条件的，不是随便什么人或组织、单位都可以限制或剥夺他人人身自由的。首先，限制和剥夺人身自由的情形必须是由法律做出规定的；其次，限制或剥夺人身自由必须经过一定的法律程序，非经正当法律程序不得限制或剥夺他人人身自由；最后，限制或剥夺人身自由必须是特定机关才能执行，执行人必须出示身份证明才能执行。

人身自由不被限制和剥夺是公民最基本的人身权利……

Q 16. 什么是公民的人格尊严

　　人格尊严是一种人格权，是指公民的人格尊严受他人尊重的权利。人格尊严是人的核心权利，因为它是人作为人所应受到的最基本的尊重和保护。《宪法》第三十八条规定：中华人民共和国公民的人格尊严不受侵犯。《宪法》保护全体公民的人格尊严，任何组织和个人不得用任何方法对公民进行侮辱、诽谤和诬告陷害。在具体实践中，人格尊严表现为以下几种具体的权利行使：姓名权、肖像权、名誉权、隐私权等。侵犯他人的这几种权利的行为则构成对公民人格尊严的侵犯。

Q 17. 《宪法》对公民的社会经济权利是如何规定的

公民的社会经济权利，是指公民享有经济物质利益方面的权利。《宪法》规定的公民社会经济权利主要包括劳动权、休息权、退休权、退休人员的生活保障权和获得物质帮助权。

（1）劳动权。是指有劳动能力的公民有获得参加劳动并领取相当报酬的权利。劳动是人们生存的基本权利，是其他权利的基础。《宪法》第四十二条规定：中华人民共和国公民有劳动的权利和义务。

劳动权

休息权

退休人员的生活保障权

获得物质帮助权

（2）休息权。是指劳动者在享受劳动权的过程中，有为保护身体健康，提高劳动效率，根据国家的法律和制度的有关规定而享有的休息和休养的权利。《宪法》第四十三条规定：中华人民共和国劳动者有休息的权利。国家发展劳动者休息和休养的设施，规定职工的工作时间和休假制度。

（3）退休人员的生活保障权。退休制度，是国家机关工作人员和企业事业组织的职工在达到一定年龄后，退出现职，并按照规定领取一定离休金、退休金，实行休养的一种制度。《宪法》第四十四条规定：国家依照法律规定实行企业事业组织的职工和国家机关工作人员的退休制度。退休人员的生活受到国家和社会的保障。

（4）获得物质帮助权。是指公民因失去劳动能力或者暂时失去劳动能力而不能获得必要的物质生活资料时，有从国家和社会获得生活保障，享受集体福利的一种权利。《宪法》第四十五条规定：中华人民共和国公民在年老、疾病或者丧失劳动能力的情况下，有从国家和社会获得物质帮助的权利。

Q 18. 《宪法》中有哪些保护妇女、儿童和老人的规定

《宪法》第四十八条规定：中华人民共和国妇女在政治的、经济的、文化的、社会的和家庭的生活等各方面享有同男子平等的权利。国家保护妇女的权利和利益，实行男女同工同酬，培养和选拔妇女干部。男女平等是《宪法》确立的基本原则，而现实生活中，男女不平等现象仍大量存在。保护妇女的合法权益是实现男女平等原则的重要途径和有效保障。妇女依法享有的权利及其正当利益，受到国家的保护，任何组织和个人不得侵犯。国家保障妇女在就业、入学、选拔干部等领域享有与男子同等的待遇。

　　儿童是一个家庭的希望，是一个国家的未来，是民族复兴的依托和根据。儿童正处于成长时期，其身心具有敏感性、脆弱性特点，极易成为社会侵害的弱势群体，需要法律对其作出特殊性保护。《宪法》第四十六条规定：国家培养青年、少年、儿童在品德、智力、体质等方面全面发展。第四十九条规定：婚姻、家庭、母亲和儿童受国家的保护；禁止虐待老人、妇女和儿童。国家有义务建立健全各种制度和措施支持少年儿童在德智体方面的全面发展，有义务以有效方式保障妇女、儿童和老人的合法权益。

　　尊老爱幼是中华民族的传统美德。除了对儿童予以保护以外，老人也受到《宪法》的特别保护。《宪法》规定，老人有权获得来自国家和社会的物质帮助以及来自家庭的赡养扶助。第四十五条规定：中华人民共和国公民在年老、疾病和丧失劳动能力的情况下，有从国家和社会获得物质帮助的权利。国家发展为公民享受这些权利所需要的社会保险、社会救济和医疗卫生事业。

　　虐待、遗弃老人不仅违反我国传统伦理道德，还是违法行为。《宪法》第四十九条规定：禁止虐待老人、妇女和儿童。根据《宪法》的规定，子女对老人具有赡养的义务，禁止虐待、遗弃老人。虐待、遗弃老人的，除了要承担相应的民事责任，还可追究相关人员的刑事责任。

Q 19. 村民委员会的组成及其职责是什么

　　村民委员会根据村民居住状况、人口多少，按照便于群众自治的原则设立。村民委员会的设立、撤销、范围调整，由乡、民族乡、镇的人民政府提出，经村民委员会讨论同意后，报县级人民政府批准。村民委员会是基层群众自治组织，不是一级政权组织，其工作在区县或乡镇人民政府的指导下进行。

　　建立和健全村民委员会是中国基层社会主义民主政治建设的重要内容，它对于扩大基层民主，保证人民群众直接行使民主权利，依法管理自己的事情，具有重要意义。

　　村民委员会设人民调解、治安保卫、公共卫生等委员会，办理本居住地区的公共事务和公益事业，调解民间纠纷，协助维护社会治安，并且向人民政府反映群众的意见、要求和提出建议。

Q 20.《宪法》为什么需要修改

　　《宪法》的修改是指《宪法》颁布实施以后，具有《宪法》修改权的特定主体根据实际需要依照特定的法律程序对《宪法》规定的内容进行的增删、调整等活动。《宪法》的修改一般有主观和客观两方面的原因。从主观方面来看，法律都是人制定的，《宪法》也不例外。由于制宪者自身认识能力和主客观条件的限制，在形成《宪法》规范的过程中，极有可能因考虑不周导致《宪法》规定有错误或者漏洞，因而需要以《宪法》修改的方式予以补充和完备。从客观方面来看，不断发展的社会形势和固定的《宪法》文本之间存在冲突，为了使《宪法》的规定能够适用这种变化发展的客观实际，必然对《宪法》进行修改。《宪法》作为法律规范的一种，其基本功能就是协调、规范社会关系，以维持正常、公正和有序的社会秩序，《宪法》也只有与社会现实相适应才能发挥对社会关系的调整作用。《宪法》修改在一定程度上就能有效地协调《宪法》、制宪者与社会现实之间的动态关系。

Q 21. 2018 年《宪法》修改的总体要求和原则是什么

　　《宪法》是党和人民意志的集中体现，是通过科学民主程序形成的国家根本法。修改《宪法》，是事关全局的重大政治活动和重大立法活动，必须在中共中央集中统一领导下进行，坚持党的领导、人民当家做主、依法治国有机统一，坚定中国特色社会主义道路自信、理论自信、制度自信、文化自信，坚定不移走中国特色社会主义政治发展道路和中国特色社会主义法治道路，确保宪法修改工作正确的政治方向。

2018 年《宪法》修改的总体要求是，高举中国特色社会主义伟大旗帜，全面贯彻党的十九大精神，坚持以马克思列宁主义、毛泽东思想、邓小平理论、"三个代表"重要思想、科学发展观、习近平新时代中国特色社会主义思想为指导，坚持党的领导、人民当家做主、依法治国有机统一，把党的十九大确定的重大理论观点和重大方针政策特别是习近平新时代中国特色社会主义思想载入国家根本法，体现党和国家事业发展的新成就新经验新要求。在总体保持《宪法》连续性、稳定性、权威性的基础上推动《宪法》与时俱进、完善发展，为新时代坚持和发展中国特色社会主义、实现"两个一百年"奋斗目标和中华民族伟大复兴的中国梦提供有力宪法保障。

2018 年《宪法》修改贯彻以下原则：坚持党的领导，坚持中国特色社会主义法治道路，坚持正确政治方向；严格依法按程序进行；充分发扬民主、广泛凝聚共识，确保反映人民意志、得到人民拥护；坚持对《宪法》作部分修改、不作大改的原则，做到既顺应党和人民事业发展要求，又遵循《宪法》法律发展规律，保持《宪法》连续性、稳定性、权威性。

Q 22. 2018 年《中华人民共和国宪法修正案》的主要内容是什么

2018 年《中华人民共和国宪法修正案》共 21 条，主要内容如下。

（1）确立科学发展观、习近平新时代中国特色社会主义思想在国家政治和社会生活中的指导地位。

（2）调整充实中国特色社会主义事业总体布局和第二个百年奋斗目标的内容。

（3）完善依法治国和《宪法》实施举措。

（4）充实完善爱国统一战线和民族关系的内容。

（5）充实和平外交政策方面的内容。

（6）充实坚持和加强中国共产党全面领导的内容。

（7）增加倡导社会主义核心价值观的内容。

（8）修改国家主席任期方面的有关规定。

（9）增加设区的市制定地方性法规的规定。

（10）增加有关监察委员会的各项规定。

（11）修改全国人大专门委员会的有关规定等。

第二部分
民 法 典

扫码阅读
《民法典》全文

Q 23. 什么是《民法典》

　　《中华人民共和国民法典》（简称为《民法典》）是中华人民共和国成立以来第一部以"典"命名的法律，是民事领域的基础性、综合性法律。以"民"命名，则说明《民法典》以民为本，调整民事主体间各种人身关系和财产关系。

　　《民法典》在内容上分为 7 编，包括总则、物权、合同、人格权、婚姻家庭、继承、侵权责任，共计 1 260 条。其中，总则编是民法中基本原则、共通概念、一般规则等内容的抽象概括，它确立了私法主体的平等地位，注重保障人的人格尊严，弘扬私法自治，强化私权保障理念。正是因此，《民法典》被称为"民事权利的宣言书"。总则编所广泛确认的各种民事权利，为各分编的制定提供了线索，决定着《民法典》的体系安排。

Q 24.《民法典》规定了哪些民事权利

《民法典》总则编第五章（第一百零九条至第一百二十八条）列举民事主体享有的权利。《宪法》作为《民法典》制定的依据，同样也规定了对公民权利的保护，但在民事权利受到侵害时应先从《民法典》中寻找救济。

民事权利主要包括人身权和财产权。人身权是指人格权和身份权。人格权是指以人格利益为保护对象的权利，《民法典》第四编人格权编对此作出专门规定。身份权是指基于婚姻家庭等身份关系享有的权利，如继承权。

财产权是以财产利益为内容的民事权利，主要包括物权和债权。物权是指对物享有的直接支配和排他的权利，《民法典》第二编物权对此作出专门规定。债权是指可以请求义务人为或不为一定行为的权利，如基于合同而享有的权利。《民法典》第一百二十三条还列举了民事主体享有的知识产权。

Q 25. 民事权利受到侵害怎么办

民事权利的保护可以分为自我保护和国家保护两种。

自我保护是指权利人自己采取合法手段保护自己的权利不受侵犯。《民法典》第一百八十一条允许权利人正当防卫，即允许为了使本人或他人的人身或财产免遭正在进行的不法侵害，对侵权行为人采取必要的防卫行为。《民法典》第一百八十二条也规定了紧急避险，即允许为了使本人或者他人的财产、人身免受正在发生的危险，不得已采取的致他人较小财产损害的行为，此时由引起险情的人承担责任。

国家保护是指当民事权利受到侵犯时，由国家机关给予保护。由于民事权利同时受宪法、民法、刑法等法律保护，所以在权利受到侵害时，权利人可以依法请求公安机关给予保护，也可诉请人民法院或仲裁机构予以判决或仲裁。

Q 26. 物权具体包括哪些类型

　　《民法典》第一百一十六条规定，物权的种类和内容由法律规定。因此，民事主体不能随意创设物权类型，法律规定的物权类型包括所有权、用益物权和担保物权。

　　所有权是指依法对自己的财产享有的占有、使用、收益和处分的权利，它是最为重要的物权形式。《民法典》第二百四十六条至第二百七十条具体规定了国家所有权、集体所有权和私人所有权。

　　用益物权是以支配他人之物的使用价值为内容的物权。在土地公有制的背景下，用益物权包括土地承包经营权、建设用地使用权、宅基地使用权、居住权和地役权。

　　担保物权是指在债务人不履行到期债务或者发生当事人约定的其他实现情形，依法享有的就标的财产折价或者以拍卖、变卖该动产的价款优先受偿的权利。如抵押权、质权和留置权。

Q 27. 在民法上如何获得物权

获得物权即在法律上发生了物权变动，即物权的设立、变更、转让和消灭。物权的变动可以分为基于法律行为的变动与非基于法律行为的变动两类。

基于法律行为的物权变动，是指当事人通过民事法律行为，并在完成一定的公示方法之后，完成一定的物权变动。《民法典》第二百零八条规定，不动产物权的变动需经依法登记才能发生效力，动产物权的设立和转让，自交付时发生效力。但《民法典》也规定了例外情况，如船舶、航空器和机动车等特殊动产的物权变动，自交付时生效，但需登记才能对第三人主张有效。

非基于法律行为的物权变动，是指因为法律规定的原因而发生的物权变动，如因合法建造房屋取得所有权的无需登记。但处分此种不动产物权时，依照法律规定需要办理登记的未经登记，不发生物权效力。

Q 28. 《民法典》如何保护物权

依据《民法典》第二百三十三条的规定，在物权受到侵害时，权利人既可以采用诉讼外和解的方式，也可以通过专门的调解机构或者通过司法机关、仲裁机构具有法律效力的调解来解决其有关物权的争议，还可以通过诉讼解决其纠纷。

《民法典》第二百三十四条至第二百三十八条规定了物权人在物权受到侵害时享有的一系列权利，包括物权确认请求权、返还原物请求权、消除危险请求权、排除妨害请求权、恢复原状请求权等。这些保护方式既可以单独适用，也可以视情况合并适用。

Q 29. 土地被征收或征用后享有什么权利

《民法典》第二百四十三条规定，为了公共利益的需要，依照法律规定的权限和程序可以征收集体所有的土地和组织、个人的房屋以及其他不动产，但应当依法给予征收补偿，保证被征地农民的生活，维护被征收人的合法权益。

《民法典》第二百四十五条规定，因抢险救灾、疫情防控等紧急需要，依照法律规定的权限和程序可以征用组织、个人的不动产或者动产。被征用的不动产或者动产使用后，应当返还被征用人。组织、个人的不动产或者动产被征用或者征用后毁损、灭失的，应当给予补偿。

Q 30. 家庭承包土地的农户何时开始取得土地承包经营权

《民法典》第三百三十三条规定：土地承包经营权自土地承包经营权合同生效时设立。农村土地承包经营权是用益物权，自承包合同生效时设立，无须经过批准、登记等程序。这样规定体现了我国农村土地农民集体所有、由集体内部成员承包经营的本质特征，也符合我国农村地域广阔的实际有利于为农民群众提供方便快捷的服务。

Q 31. 什么是格式条款

　　格式条款是当事人为了重复使用而预先拟定，并在订立合同时未与对方协商的条款。格式条款一般是由居于垄断地位的一方所拟订，如"特价产品概不退换"等声明往往构成格式条款。为了保护弱势相对人的利益，《民法典》第四百九十六条规定了提供格式条款一方的提示说明义务，第四百九十七条规定了格式条款的无效情形。

　　另外，对格式条款的理解发生争议的，应当按照通常理解予以解释。如果对格式条款有两种以上解释的，应当作出不利于提供格式条款一方的解释。当格式条款和非格式条款不一致时，应当采用非格式条款。

Q 32. 哪些合同是无效的

　　根据《民法典》的规定，下列几种合同是无效合同：第一，无民事行为能力人订立的合同。第二，行为人与相对人以虚假的意思表示订立的合同。以虚假的意思表示隐藏的民事法律行为的效力，依照有关法律规定处理。第三，违反法律、行政法规的强制性规定的合同。但是，该强制性规定不导致该合同无效的除外。第四，违背公序良俗的合同。第五，行为人与相对人恶意串通，损害他人合法权益的合同。

　　无效的合同自始没有法律约束力。合同被认定无效后，行为人因该合同取得的财产，应当予以返还；不能返还或者没有必要返还的，应当折价补偿。有过错的一方应当赔偿对方由此所受到的损失；各方都有过错的，应当各自承担相应的责任。法律另有规定的，依照其规定。

Q 33. 如何解除合同

通过合同解除，能够使得当事人在其合同目的不能实现的情形中摆脱现有合同权利义务关系的约束，重新获得交易的自由，使得当事人不再负有对待给付义务、受领义务。但合同解除是合同严守的例外，所以合同解除需要法定的事由，解除权的行使也需要履行一定程序。一方面，《民法典》第五百六十三条规定了产生合同解除权的法定事由；另一方面，《民法典》第五百六十四条规定了解除权的行使期限。

但是，法律也允许当事人通过协商同意解除合同，或者以合同形式约定为一方或双方保留解除权。

Q 34.《民法典》如何规定违约责任

违约责任是指合同当事人因违反合同义务所应承担的责任。通常情况下，违约当事人存在违约行为，又不存在法定或约定的免责事由时就应当承担违约责任。

《民法典》第五百七十七条规定：当事人一方不履行合同义务或者履行合同义务不符合约定的，应当承担继续履行、采取补救措施或者赔偿损失等违约责任。在履行义务或者采取补救措施后，对方还有其他损失的，违约方仍然应当赔偿损失。

当事人还可以约定给付定金作为合同的担保或者在违约时支付违约金，但如果当事人既约定违约金，又约定定金的，对方可以选择适用其一。

Q 35. 《民法典》如何规定供用电、水、气、热力合同

供用电、水、气、热力合同具有公用性和公益性，因此供应人不得拒绝利用人通常的、合理的供应要求，也不得随意提高收费标准。《民法典》第六百五十一条至第六百五十三条规定，供应人未按照国家标准供应，或者因检修等原因需要中断供应而未事先通知利用人，或者因自然灾害等原因中断供应而未及时抢修，造成利用人损失的，应当承担赔偿责任。

利用人应当按照国家有关规定和合同约定支付费用，逾期不支付的应当按照约定支付违约金，经催告后在合理期限内仍不支付费用和违约金的，供应人可以按照国家规定的程序中止供应。但供应人中止供应时，应当事先通知利用人。

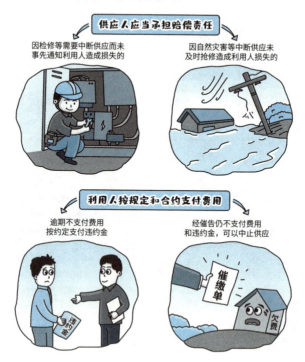

供应人应当承担赔偿责任

因检修等需要中断供应而未事先通知利用人造成损失的

因自然灾害等中断供应未及时抢修造成利用人损失的

利用人按规定和合约支付费用

逾期不支付费用按约定支付违约金

经催告仍不支付费用和违约金，可以中止供应

催缴单

欠费

Q 36.《民法典》如何禁止高利贷

《民法典》第六百八十条规定：禁止高利放贷，借款利率不得违反国家有关规定。借款合同对支付利息没有约定的，视为没有利息。借款合同对支付利息约定不明确，当事人不能达成补充协议的，按照当地或者当事人的交易方式、交易习惯、市场利率等因素确定利息；自然人之间借款的，视为没有利息。因此，自然人之间的借贷只有在合同明确约定利率时才需要支付利息，并且对于利率的约定仍然受到国家有关规定的控制。

Q 37. 如何理解人格权独立成编是《民法典》的亮点

　　人格权独立成编是《民法典》的重大亮点，体现了人性的尊严和光辉。《民法典》第九百九十条一方面列举了人格权的具体内容，另一方面规定了一般人格权，为法律保护未被列举的人格利益留下空间。

　　具体而言，人格权编的亮点包括：《民法典》第九百九十六条赋予权利人就人格权受侵害而提起精神损害赔偿的权利，第九百九十七条赋予当事人向法院申请采取责令行为人停止有关行为的措施的权利，第一千零七条禁止以任何形式买卖人体细胞、人体组织、人体器官，第一千零一十条禁止性骚扰，第一千零一十五条允许自然人选择父姓、母姓以外的第三姓，第一千零三十二条至第一千零三十六条强调对隐私权、个人信息的保护。

人格权受侵害提起
精神损害赔偿的权利

向法院申请采取责令行为人
停止有关行为措施的权利

禁止买卖人体细胞、
人体组织、人体器官

禁止性骚扰

允许自然人选择父姓、
母姓以外的第三姓

强调对隐私权、
个人信息的保护

Q 38. 如何理解"离婚冷静期"制度

　　为了避免"头脑发热式离婚",《民法典》第一千零七十七条规定,自婚姻登记机关收到离婚登记申请之日起 30 日内,任何一方不愿意离婚的,可以向婚姻登记机关撤回离婚登记申请。在该期限届满后 30 日内,双方若没有撤回离婚登记申请,则应当亲自到婚姻登记机关申请发给离婚证;未申请的,视为撤回离婚登记申请。

　　但该条规定仅针对登记离婚的情形,而不影响诉讼离婚。如果存在《民法典》第一千零七十九条规定的情形,当事人依旧可以诉请人民法院判决离婚。经人民法院判决不准离婚后,双方又分居满 1 年,一方再次提起离婚诉讼的,应当准予离婚。

Q 39. 《民法典》如何规定夫妻财产关系

夫妻财产关系是夫妻关系中的重要组成部分，是实现家庭经济职能的基础。夫妻共同财产包括积极财产和消极财产，积极财产是指工资、投资收益等正收入，而夫妻共同债务则是消极财产。

一方面，《民法典》第一千零六十二条列举了夫妻在婚姻关系存续期间所得的哪些财产属于夫妻共同财产，如工资、奖金、劳务报酬、投资收益等。另一方面，《民法典》第一千零六十四条规定夫妻双方共同签名或者夫妻一方事后追认等共同意思表示所负的债务，以及夫妻一方在婚姻关系存续期间以个人名义为家庭日常生活需要所负的债务，属于夫妻共同债务。

Q 40. 如何收养未成年人

收养是在收养人与被收养人之间产生拟制父母子女关系的法律行为，应当遵循最有利于被收养人的原则，保障被收养人和收养人的合法权益。

首先，收养人应当具备一定的条件。《民法典》第一千零九十八条规定，收养人应当同时具备下列条件：（1）无子女或者只有一名子女；（2）有抚养、教育和保护被收养人的能力；（3）未患有在医学上认为不应当收养子女的疾病；（4）无不利于被收养人健康成长的违法犯罪记录；（5）年满30周岁。《民法典》第一千一百零二条还规定，无配偶者收养异性子女的，收养人与被收养人的年龄应当相差40周岁以上。

其次，收养应当向县级以上人民政府民政部门登记。自收养关系成立之日起，养父母与养子女间等同于亲生父母子女关系；同时，养子女与生父母以及其他近亲属间的权利义务关系消除。

Q 41. 《民法典》如何规范医患关系

　　《民法典》第一千二百一十八条至第一千二百二十八条集中规范了医患关系。《民法典》第一千二百一十九条规定，医务人员在诊疗活动中应当向患者说明病情和医疗措施。需要实施手术、特殊检查、特殊治疗的，医务人员应当及时向患者或其近亲属具体说明医疗风险、替代医疗方案等情况，并取得其明确同意。医务人员未尽到这些义务，造成患者损害的，医疗机构应当承担赔偿责任。另外，《民法典》第一千二百二十七条禁止医疗机构及其医务人员违反诊疗规范实施不必要的检查。

　　为了强调对隐私和个人信息的保护，《民法典》第一千二百二十六条还规定，医疗机构及其医务人员泄露患者的隐私和个人信息，或者未经患者同意公开其病历资料的，应当承担侵权责任。

Q 42. 污染环境、破坏生态造成他人损害应承担什么责任

首先，《民法典》第一千二百三十二条规定："侵权人违反法律规定故意污染环境、破坏生态造成严重后果的，被侵权人有权请求相应的惩罚性赔偿。"

其次，《民法典》第一千二百三十四条规定："违反国家规定造成生态环境损害，生态环境能够修复的，国家规定的机关或者法律规定的组织有权请求侵权人在合理期限内承担修复责任。侵权人在期限内未修复的，国家规定的机关或者法律规定的组织可以自行或者委托他人进行修复，所需费用由侵权人负担。"赔偿的损失和费用包括：（1）生态环境受到损害至修复完成期间服务功能丧失导致的损失；（2）生态环境功能永久性损害造成的损失；（3）生态环境损害调查、鉴定评估等费用；（4）清除污染、修复生态环境费用；（5）防止损害的发生和扩大所支出的合理费用。

Q 43. 饲养的动物造成他人损害应当承担什么责任

依据《民法典》第一千二百四十五条，饲养的动物造成他人损害的，动物饲养人或者管理人应当承担侵权责任。但是，如果能够证明损害是因被侵权人故意或者重大过失造成的，饲养人可以不承担或者减轻责任。遗弃、逃逸的动物在遗弃、逃逸期间造成他人损害的，由动物原饲养人或者管理人承担侵权责任。

但是，如果禁止饲养的烈性犬等危险动物造成他人损害，或者违反管理规定而未对动物采取安全措施造成他人损害的，即使是被侵权人有故意或者重大过失，饲养人或管理人也需要承担侵权责任。

第三部分
农村土地承包法

扫码阅读
《农村土地承包法》全文

Q 44. 承包农户的权利和义务有哪些

《农村土地承包法》规定：农村土地承包采取农村集体经济组织内部的家庭承包方式；农村集体经济组织成员有权依法承包由本集体经济组织发包的农村土地；任何组织和个人不得剥夺和非法限制农村集体经济组织成员承包土地的权利。

家庭承包的承包方是本集体经济组织的农户，农户内家庭成员依法平等享有承包土地的各项权益。主要包括：依法享有承包地使用、收益的权利，有权自主组织生产经营和处置产品；依法互换、转让土地承包经营权；依法流转土地经营权；承包地被依法征收、征用、占用的，有权依法获得相应的补偿；以及法律、行政法规规定的其他权利。同时，承包方也承担着相应的义务：维持土地的农业用途，未经依法批准不得用于非农建设；依法保护和合理利用土地，不得给土地造成永久性损害；以及法律、行政法规规定的其他义务。

Q 45. 耕地、草地、林地的承包期是多长时间

　　《农村土地承包法》第二十一条规定：耕地的承包期为 30 年。草地的承包期为 30 年至 50 年。林地的承包期限为 30 年至 70 年。

　　土地承包期限的长短，应考虑我国农村的实际情况，符合农业生产经营的特点。如果承包期过短，经营者可能会忽视对农地的合理开发而过度利用，降低农地质量。目前法律规定的承包期限，能够使承包农户有稳定的经营预期，并放心投入。

承包期限的长短，应考虑农村的实际情况……

耕地：30年

草地：30年至50年

林地：30年至70年

Q 46. 承包人的承包收益可以被继承吗

《农村土地承包法》第三十二条规定：承包人应得的承包收益，依照继承法的规定继承。林地承包的承包人死亡，其继承人可以在承包期内继续承包。

农村家庭土地承包的承包方是集体经济组织的农户，享有土地承包经营权的是农户家庭而非其中的某一个家庭成员。因此土地承包经营权作为农户家庭的权利客体不是某一个家庭成员的财产，从而土地承包经营权不发生《中华人民共和国继承法》（简称《继承法》）上的继承，而是由与死亡承包人共同承包经营的其他家庭成员继续承包经营。对于承包人应得的承包收益，由于是承包人个人的合法财产，可以依照《继承法》的规定继承。

由于林地的生产经营周期和承包期长、投资大、收益慢、风险大，因此承包人可能在承包期间投入了长期、大量的资本。同时林木的所有权的继承无法与林地分离，因此《农村土地承包法》第三十二条特别规定了林地承包人的继承人可以在承包期内继续承包林地。

Q 47. 承包农户可以流转农村土地经营权吗

　　《农村土地承包法》第九条规定：承包方承包土地后，享有土地承包经营权，可以自己经营，也可以保留土地承包权，流转其承包地的土地经营权，由他人经营。第十条规定：国家保护承包方依法、自愿、有偿流转土地经营权，保护土地经营权人的合法权益，任何组织和个人不得侵犯。

　　因此，承包农户流转土地经营权是其享有的权利之一，依法受到法律保护。承包农户可以自主决定依法采取出租（转包）、入股或者其他方式向他人流转土地经营权，并向发包方备案。土地经营权流转的价款，应当由当事人双方协商确定。流转的收益归承包方所有，任何组织和个人不得擅自截留、扣缴。土地经营权流转，当事人双方应当签订书面流转合同。

Q 48. 本集体经济组织成员可以优先承包"四荒地"吗

《农村土地承包法》第五十一条规定：以其他方式承包农村土地，在同等条件下，本集体经济组织成员有权优先承包。

对于"四荒地"的承包，本集体经济组织成员相对于外部竞包者来说，是享有法律明确规定的优先承包权的。所谓同等条件，即本集体经济组织内部成员和外部竞包者同时参与承包竞争，在两者农业技术力量、资金状况、信誉状况、承包费用等条件相当的情况下，应当由本集体经济组织内部成员取得该土地的经营权。

Q 49. 农民进城落户承包地如何处理

党中央高度重视保护进城农民的土地承包权益。《农村土地承包法》第二十七条规定：国家保护进城农户的土地承包经营权。不得以退出土地承包经营权作为农户进城落户的条件。承包期内，承包农户进城落户的，引导支持其按照自愿有偿原则依法在本集体经济组织内转让土地承包经营权或者将承包地交回发包方，也可以鼓励其流转土地经营权。因此，农民进城落户，如何处理自家的承包地，完全由承包农户自己做主，任何组织和个人都不得侵害其土地承包经营权。

Q 50. 保护农村妇女土地承包权益的规定有哪些

　　为切实保护农村妇女土地承包经营权，《农村土地承包法》第六条明确规定：农村土地承包，妇女与男子享有平等的权利。承包中应当保护妇女的合法权益，任何组织和个人不得剥夺、侵害妇女应当享有的土地承包经营权。《农村土地承包法》第二十四条规定：土地承包经营权证或者林权证等证书应当将具有土地承包经营权的全部家庭成员列入。为保护出嫁、离婚、丧偶妇女的土地承包经营权，《农村土地承包法》第三十一条又做了专门规定：承包期内，妇女结婚，在新居住地未取得承包地的，发包方不得收回其原承包地；妇女离婚或者丧偶，仍在原居住地生活或者不在原居住地生活但在新居住地未取得承包地的，发包方不得收回其原承包地。因此，妇女结婚的，嫁入方所在地没有解决妇女的承包地之前，出嫁

我结婚后在丈夫家没有承包地，所以原有承包地不会被收回

妇女娘家所在的发包方不得强行收回其原承包地；妇女离婚或者丧偶的，如果该妇女仍在原居住地生活，原居住地应当保证该妇女有一份承包地；妇女离婚或者丧偶后不在原居住地生活，而是迁到其他地方，在新居住地所在村、村民小组未解决其承包地之前，原居住地的承包方应当保留该妇女的土地承包经营权，不得收回其承包地。而且，第五十七条规定：剥夺、侵害妇女依法享有的土地承包经营权的行为，为侵权行为，必须承担侵权责任。

Q 51. 承包期内发包方可以随意调整农户承包地吗

《农村土地承包法》第二十八条规定：承包期内，发包方不得调整承包地。只有"因自然灾害严重毁损承包地等特殊情形"，可以"对个别农户之间承包的耕地和草地"做"适当调整"，而且要经过法定程序，即"必须经本集体经济组织成员的村民会议三分之二以上成员或者三分之二以上村民代表的同意，并报乡（镇）人民政府和县级人民政府农业农村、林业和草原等主管部门批准"。同时法律规定，"承包合同中约定不得调整的，按照其约定"。

Q 52. 受让方可以再流转土地经营权吗

《农村土地承包法》第四十六条规定：经承包方书面同意，并向本集体经济组织备案，受让方可以再流转土地经营权。

土地经营权流转的受让方，为了提高生产经营效益，提高土地利用率，经承包方书面同意，并向本集体经济组织备案后，可以将土地经营权再次流转。但土地经营权再流转，不得超过原土地经营权流转期限的剩余期限，不得改变土地的农业用途，不得对集体土地所有权和土地承包经营权造成损害。

61

Q 53. 在土地承包经营中发生纠纷如何解决

　　《农村土地承包法》第五十五条规定：因土地承包经营发生纠纷的，双方当事人可以通过协商解决，也可以请求村民委员会、乡（镇）人民政府等调解解决。当事人不愿协商、调解或者协商、调解不成的，可以向农村土地承包仲裁机构申请仲裁，也可以直接向人民法院起诉。

　　承包经营当事人因承包土地的使用、收益、流转、调整、收回以及承包经营合同的履行等事项发生争议，可以在自愿基础上，通过协商、调解解决。当事人也可以向县级农村土地承包经营纠纷调解仲裁委员会申请仲裁，或者直接向具有管辖权的人民法院起诉。

第四部分
农民专业合作社法

扫码阅读
《农民专业合作社法》全文

Q 54. 什么是农民专业合作社

农民专业合作社，是指在农村家庭承包经营基础上，农产品的生产经营者或者农业生产经营服务的提供者、利用者，自愿联合、民主管理的互助性经济组织。

农民专业合作社应当遵循下列原则。

（1）成员以农民为主体。

（2）以服务成员为宗旨，谋求全体成员的共同利益。

（3）入社自愿、退社自由。

（4）成员地位平等，实行民主管理。

（5）盈余主要按照成员与农民专业合作社的交易量（额）比例返还。

后 3 项原则与国际上对合作社的主流认识一致，也是合作社的核心精神。前 2 项是中国特色，主要目的在于：一是保证农民专业合作社中农民的主体地位，防止话语权被少数人控制；二是保证农民的经济利益得以实现，避免成员之间的利益冲突，特别是当农民专业合作社成员中有龙头企业和专业大户时。需要注意的是，农民专业合作社的基本原则体现了农民专业合作社的价值，也是对农民专业合作社进行定性的标准，只有依照这些基本原则组建和运行的合作经济组织才是《中华人民共和国农民专业合作社法》（简称《农民专业合作社法》）所指的农民专业合作社，才能享受《农民专业合作社法》规定的各项扶持措施。

Q 55. 设立农民专业合作社需要具备哪些条件

设立农民专业合作社，应当具备下列 5 个条件。

（1）有 5 名以上符合《农民专业合作社法》第十九条、第二十条规定的成员。

（2）有符合《农民专业合作社法》规定的章程。

（3）有符合《农民专业合作社法》规定的组织机构。

（4）有符合法律、行政法规规定的名称和章程确定的住所。

（5）有符合章程规定的成员出资。

Q 56. 农民专业合作社对成员有何要求

　　成立农民专业合作社必须具有 5 名以上法定成员。《农民专业合作社法》第十九条规定：具有民事行为能力的公民，以及从事与农民专业合作社业务直接有关的生产经营活动的企业、事业单位或者社会组织，能够利用农民专业合作社提供的服务，承认并遵守农民专业合作社章程，履行章程规定的入社手续的，可以成为农民专业合作社的成员。但是，具有管理公共事务职能的单位不得加入农民专业合作社。农民专业合作社应当置备成员名册，并报登记机关。

　　同时，第二十条规定：农民专业合作社的成员中，农民至少应当占成员总数的 80%。成员总数 20 人以下的，可以有一个企业、事业单位或者社会组织成员；成员总数超过 20 人的，企业、事业单位和社会组织成员不得超过成员总数的 5%。

57. 农民专业合作社成员的出资方式有哪些

农民专业合作社成员的出资方式多种多样，《农民专业合作社法》作出了明确规定：农民专业合作社成员可以用货币出资，也可以用实物、知识产权、土地经营权、林权等可以用货币估价并可以依法转让的非货币财产，以及章程规定的其他方式作价出资；但是，法律、行政法规规定不得作为出资的财产除外。

同时，农民专业合作社成员不得以对该社或者其他成员的债权充抵出资；不得以缴纳的出资，抵消对该社或者其他成员的债务。

Q 58. 农民专业合作社章程中应当载明哪些事项

　　农民专业合作社章程是农民专业合作社在法律法规和国家政策规定的框架内，由本社的全体设立人根据本社的特点和发展目标制定的，并由全体成员共同遵守的行为准则。农民专业合作社章程应当载明下列事项。

　　（1）名称和住所。

　　（2）业务范围。

　　（3）成员资格及入社、退社和除名。

　　（4）成员的权利和义务。

　　（5）组织机构及其产生办法、职权、任期、议事规则。

　　（6）成员的出资方式、出资额，成员出资的转让、继承、担保。

　　（7）财务管理和盈余分配、亏损处理。

　　（8）章程修改程序。

　　（9）解散事由和清算办法。

　　（10）公告事项及发布方式。

　　（11）附加表决权的设立、行使方式和行使范围。

　　（12）需要载明的其他事项。

Q 59. 注册登记农民专业合作社应当提交哪些材料

设立农民专业合作社，应当向市场监管部门提交下列文件，申请设立登记。

（1）登记申请书。

（2）全体设立人签名、盖章的设立大会纪要。

（3）全体设立人签名、盖章的章程。

（4）法定代表人、理事的任职文件及身份证明。

（5）出资成员签名、盖章的出资清单。

（6）住所使用证明。

（7）法律、行政法规规定的其他文件。

Q 60. 农民专业合作社可以从事哪些业务活动

农民专业合作社可以开展以下一种或者多种业务。

（1）农业生产资料的购买、使用。

（2）农产品的生产、销售、加工、运输、贮藏及其他相关服务。

（3）农村民间工艺及制品、休闲农业和乡村旅游资源的开发经营等。

（4）与农业生产经营有关的技术、信息、设施建设运营等服务。

农民专业合作社从事生产经营活动，应当遵守法律，遵守社会公德、商业道德，诚实守信，不得从事与章程规定无关的活动。

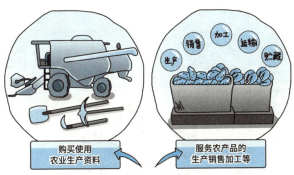

Q 61. 农民专业合作社成员有哪些法定权利

农民专业合作社成员享有以下权利。

（1）参加成员大会，并享有表决权、选举权和被选举权，按照章程规定对本社实行民主管理。

（2）利用本社提供的服务和生产经营设施。

（3）按照章程规定或者成员大会决议分享盈余。

（4）查阅本社的章程、成员名册、成员大会或者成员代表大会记录、理事会会议决议、监事会会议决议、财务会计报告、会计账簿和财务审计报告。

（5）章程规定的其他权利。

Q 62. 农民专业合作社成员应当承担哪些法定义务

农民专业合作社成员应当承担下列义务。

（1）执行成员大会、成员代表大会和理事会的决议。

（2）按照章程规定向本社出资。

（3）按照章程规定与本社进行交易。

（4）按照章程规定承担亏损。

（5）章程规定的其他义务。

Q 63. 农民专业合作社成员大会应当行使哪些职权

农民专业合作社成员大会由全体成员组成，是本社的权力机构，行使下列职权。

（1）修改章程。

（2）选举和罢免理事长、理事、执行监事或者监事会成员。

（3）决定重大财产处置、对外投资、对外担保和生产经营活动中的其他重大事项。

（4）批准年度业务报告、盈余分配方案、亏损处理方案。

（5）对合并、分立、解散、清算，以及设立、加入联合社等作出决议。

（6）决定聘用经营管理人员和专业技术人员的数量、资格和任期。

（7）听取理事长或者理事会关于成员变动情况的报告，对成员的入社、除名等作出决议。

（8）公积金的提取及使用。

（9）章程规定的其他职权。

Q 64. 农民专业合作社召开成员大会有哪些要求

农民专业合作社召开成员大会，出席人数应当达到成员总数的2/3以上。

成员大会选举或者作出决议，应当由本社成员表决权总数过半数通过；作出修改章程或者合并、分立、解散，以及设立、加入联合社的决议应当由本社成员表决权总数的2/3以上通过。章程对表决权数有较高规定的，从其规定。

农民专业合作社成员大会每年至少召开1次，会议的召集由章程规定。有下列情形之一的，应当在20日内召开临时成员大会。

（1）30％以上的成员提议。

（2）执行监事或者监事会提议。

（3）章程规定的其他情形。

Q 65. 农民专业合作社能否设立成员代表大会

　　农民专业合作社成员超过 150 人的，可以按照章程规定设立成员代表大会。成员代表大会按照章程规定可以行使成员大会的部分或者全部职权。

　　依法设立成员代表大会的，成员代表人数一般为成员总人数的 10%，最低人数为 51 人。

Q 66. 农民专业合作社理事长、监事及管理人员是怎么产生的，有哪些职责

农民专业合作社设理事长1名，可以设理事会。理事长为本社的法定代表人。

农民专业合作社可以设执行监事或者监事会。理事长、理事、经理和财务会计人员不得兼任监事。

理事长、理事、执行监事或者监事会成员，由成员大会从本社成员中选举产生，依照本法和章程的规定行使职权，对成员大会负责。

理事会会议、监事会会议的表决，实行一人一票。

农民专业合作社的理事长或者理事会可以按照成员大会的决定聘任经理和财务会计人员，理事长或者理事可以兼任经理。经理按照章程规定或者理事会的决定，可以聘任其他人员。

经理按照章程规定和理事长或者理事会授权，负责具体生产经营活动。

农民专业合作社的理事长、理事和管理人员不得有下列行为。

（1）侵占、挪用或者私分本社资产。

（2）违反章程规定或者未经成员大会同意，将本社资金借贷给他人或者以本社资产为他人提供担保。

（3）接受他人与本社交易的佣金归为己有。

（4）从事损害本社经济利益的其他活动。

理事长、理事和管理人员违反前面规定所得的收入，应当归本社所有；给本社造成损失的，应当承担赔偿责任。

Q 67. 农民专业合作社怎样分配盈余

在弥补亏损、提取公积金后的当年盈余，为农民专业合作社的可分配盈余。可分配盈余主要按照成员与本社的交易量（额）比例返还。

可分配盈余按成员与本社的交易量（额）比例返还的总额不得低于可分配盈余的 60%；返还后的剩余部分，以成员账户中记载的出资额和公积金份额，以及本社接受国家财政直接补助和他人捐赠形成的财产平均量化到成员的份额，按比例分配给本社成员。

经成员大会或者成员代表大会表决同意，可以将全部或者部分可分配盈余转为对农民专业合作社的出资，并记载在成员账户中。具体分配办法按照章程规定或者经成员大会决议确定。

Q 68. 怎样组建农民专业合作社联合社

设立联合社应当符合下列条件。

（1）有3个以上的农民专业合作社。联合社的设立主体只能是农民专业合作社，且需要有3个以上，自然人、公司等其他主体不能设立联合社。

（2）设立联合社应当以自愿为基础。农民专业合作社是否设立、与哪些农民专业合作社共同设立、设立什么类型的联合社等都应当由农民专业合作社自主决定，任何单位和个人都不能采取命令、胁迫等方式强制农民专业合作社合作设立或加入联合社。

（3）联合社要有自己的名称、组织机构、住所、章程和成员出资。

（4）联合社登记。农民专业合作社联合社依照《农民专业合作社法》登记，取得法人资格，领取营业执照，登记类型为农民专业合作社联合社。

（5）联合社责任承担。农民专业合作社联合社以其全部财产对该社的债务承担责任；农民专业合作社联合社的成员以其出资额为限对农民专业合作社联合社承担责任。

第五部分

农产品质量安全法

扫码阅读
《农产品质量安全法》全文

Q 69. 农产品生产者超范围、超标准使用农业投入品会受到处罚吗

　　《中华人民共和国农产品质量安全法》（简称《农产品质量安全法》）第二十五条规定：农产品生产者应当按照法律、行政法规和国务院农业行政主管部门的规定，合理使用农业投入品，严格执行农业投入品使用安全间隔期或者休药期的规定，防止危及农产品质量安全。第四十六条规定：使用农业投入品违反法律、行政法规和国务院农业行政主管部门的规定的，依照有关法律、行政法规的规定处罚。因此，农产品生产经营者超范围、超标准使用农业投入品是会受到处罚的。

Q 70. 违反规定进行农产品贮存、运输会受到处罚吗

《农产品质量安全法》第二十九条规定：农产品在包装、保鲜、贮存、运输中所使用的保鲜剂、防腐剂、添加剂等材料，应当符合国家有关强制性的技术规范。第三十三条提到，使用的保鲜剂、防腐剂、添加剂等材料不符合国家有关强制性的技术规范的不允许销售。第四十九条规定：使用的保鲜剂、防腐剂、添加剂等材料不符合国家有关强制性的技术规范的，责令停止销售，对被污染的农产品进行无害化处理，对不能进行无害化处理的予以监督销毁；没收违法所得，并处 2 000 元以上 20 000 元以下罚款。所以违反规定进行农产品贮存、运输是会受到处罚的。

Q 71. 规模农产品生产者不按规定进行农产品检测会有什么不良后果

《农产品质量安全法》第二十六条规定：农产品生产企业和农民专业合作经济组织，应当自行或者委托检测机构对农产品质量安全状况进行检测；经检测不符合农产品质量安全标准的农产品，不得销售。第三十七条规定：农产品销售企业对其销售的农产品，应当建立健全进货检查验收制度；经查验不符合农产品质量安全标准的，不得销售。

Q 72. 生产者销售不符合农产品质量安全标准的农产品应承担什么法律责任

《农产品质量安全法》第三十二条规定：销售的农产品必须符合农产品质量安全标准，生产者可以申请使用无公害农产品标志。农产品质量符合国家规定的有关优质农产品标准的，生产者可以申请使用相应的农产品质量标志。

第三十三条规定，有下列情形之一的农产品，不得销售：

（1）含有国家禁止使用的农药、兽药或者其他化学物质的；（2）农药、兽药等化学物质残留或者含有的重金属等有毒有害物质不符合农产品质量安全标准的；（3）含有的致病性寄生虫、微生物或者生物毒素不符合农产品质量安全标准的；（4）使用的保鲜剂、防腐剂、添加剂等材料不符合国家有关强制性的技术规范的；（5）其他不符合农产品质量安全标准的。

对于生产者销售不符合农产品质量安全标准的农产品需要承担的法律责任，《农产品质量安全法》第五十条规定：农产品生产企业、农民专业合作经济组织销售的农产品有本法第三十三条第一项至第三项或者第五项所列情形之一的，责令停止销售，追回已经销售的农产品，对违法销售的农产品进行无害化处理或者予以监督销毁；没收违法所得，并处 2 000 元以上 20 000 元以下罚款。农产品销售企业销售的农产品有前款所列情形的，依照前款规定处理、处罚。

第五十三条规定：违反本法规定，构成犯罪的，依法追究刑事责任。

第五十四条规定：生产、销售本法第三十三条所列农产品，给消费者造成损害的，依法承担赔偿责任。农产品批发市场中销售的农产品有前款规定情形的，消费者可以向农产品批发市场要求赔偿；属于生产者、销售者责任的，农产品批发市场有权追偿。消费者也可以直接向农产品生产者、销售者要求赔偿。

Q 73. 冒用农产品标志将受到怎样的处罚

《农产品质量安全法》第三十二条规定：销售的农产品必须符合农产品质量安全标准，生产者可以申请使用无公害农产品标志。农产品质量符合国家规定的有关优质农产品标准的，生产者可以申请使用相应的农产品质量标志。禁止冒用前款规定的农产品质量标志。

对于冒用农产品标志的，《农产品质量安全法》第四十八条规定：违反本法第二十八条规定，销售的农产品未按照规定进行包装、标识的，责令限期改正；逾期不改正的，可以处 2 000 元以下罚款。第五十一条规定：违反本法第三十二条规定，冒用农产品质量标志的，责令改正，没收违法所得，并处 2 000 元以上 20 000 元以下罚款。

Q 74. 经营病死动物肉类及其制品将会受到怎样的处罚

　　《农产品质量安全法》第三十三条规定：含有的致病性寄生虫、微生物或者生物毒素不符合农产品质量安全标准的农产品不得销售。第五十四条规定：生产、销售本法第三十三条所列农产品，给消费者造成损害的，依法承担赔偿责任。农产品批发市场中销售的农产品有前款规定情形的，消费者可以向农产品批发市场要求赔偿；属于生产者、销售者责任的，农产品批发市场有权追偿。消费者也可以直接向农产品生产者、销售者要求赔偿。第五十三条规定：违反本法规定，构成犯罪的，依法追究刑事责任。因此，经营病死动物肉类及其制品会依法受到惩罚。

Q 75. 为食品犯罪提供资金、场所等如何定罪处罚

如果情节严重涉嫌犯罪，根据《农产品质量安全法》第五十三条规定：违反本法规定，构成犯罪的，依法追究刑事责任。

《最高人民法院、最高人民检察院关于办理危害食品安全刑事案件适用法律若干问题的解释》第十四条规定：明知他人生产、销售不符合食品安全标准的食品，有毒、有害食品，具有下列情形之一的，以生产、销售不符合安全标准的食品罪或者生产、销售有毒、有害食品罪的共犯论处：

（1）提供资金、贷款、账号、发票、证明、许可证件的；（2）提供生产、经营场所或者运输、贮存、保管、邮寄、网络销售渠道等便利条件的；（3）提供生产技术或者食品原料、食品添加剂、食品相关产品的；（4）提供广告等宣传的。

Q 76. 哪些农产品不得上市销售

　　根据《农产品质量安全法》第三十三条规定，有下列情形之一的农产品，不得销售：（1）含有国家禁止使用的农药、兽药或者其他化学物质的；（2）农药、兽药等化学物质残留或者含有的重金属等有毒有害物质不符合农产品质量安全标准的；（3）含有的致病性寄生虫、微生物或者生物毒素不符合农产品质量安全标准的；（4）使用的保鲜剂、防腐剂、添加剂等材料不符合国家有关强制性的技术规范的；（5）其他不符合农产品质量安全标准的。

含致病性寄生虫、微生物或生物毒素

含农药、兽药残留有毒有害物质

使用不符合国家有关强制性技术规范的保鲜剂、防腐剂、添加剂

含有这些情形禁止上市销售

含国家禁止使用的农药、兽药或其他化学物质

其他不符合质量安全标准

Q 77. 农产品生产档案记录有哪些要求

　　根据《农产品质量安全法》第二十四条规定，农产品生产企业和农民专业合作经济组织应当建立农产品生产记录，如实记载下列事项：（1）使用农业投入品的名称、来源、用法、用量和使用、停用的日期；（2）动物疫病、植物病虫草害的发生和防治情况；（3）收获、屠宰或者捕捞的日期。农产品生产记录应当保存2年。禁止伪造农产品生产记录。国家鼓励其他农产品生产者建立农产品生产记录。

第六部分
农业机械化促进法

扫码阅读
《农业机械化促进法》全文

78. 为什么要制定《农业机械化促进法》，什么是农业机械化

　　《中华人民共和国农业机械化促进法》（简称《农业机械化促进法》）第一条明确指出：为了鼓励、扶持农民和农业生产经营组织使用先进适用的农业机械，促进农业机械化，建设现代农业，制定本法。也就是说，《农业机械化促进法》的立法目的主要有两方面：一是鼓励、扶持农民和农业生产经营组织使用先进适用的农业机械；二是促进农业机械化，建设现代农业。

　　第二条指出：本法所称农业机械化，是指运用先进适用的农业机械装备农业，改善农业生产经营条件，不断提高农业的生产技术水平和经济效益、生态效益的过程。

　　《农业机械化促进法》还对农业机械进行了定义，即"本法所称农业机械，是指用于农业生产及其产品初加工等相关农事活动的机械、设备"。

Q 79. 农业机械化发展的指导思想是什么

　　《农业机械化促进法》第三条规定：县级以上人民政府应当把推进农业机械化纳入国民经济和社会发展计划，采取财政支持和实施国家规定的税收优惠政策以及金融扶持等措施，逐步提高对农业机械化的资金投入，充分发挥市场机制的作用，按照因地制宜、经济有效、保障安全、保护环境的原则，促进农业机械化的发展。可从3个方面理解农业机械化发展的指导思想，一是上升为政府行为；二是加大财政税收和金融扶持；三是按照因地制宜、经济有效、保障安全、保护环境的原则，促进农业机械化的发展。

党中央、国务院高度重视农业机械化工作。习近平总书记指出，要大力推进农业机械化、智能化，给农业现代化插上科技的翅膀。2018 年 12 月 29 日印发的《国务院关于加快推进农业机械化和农机装备产业转型升级的指导意见》（国发〔2018〕42 号），作出了我国"农业生产已从主要依靠人力畜力转向主要依靠机械动力，进入了机械化为主导的新阶段"的重大判断，强调"没有农业机械化，就没有农业农村现代化"，赋予了农业机械化发展的新内涵。

农业机械化发展的指导思想为：以习近平新时代中国特色社会主义思想为指导，全面贯彻党的十九大和十九届二中、三中、四中、五中全会精神，认真落实党中央、国务院决策部署，紧紧围绕统筹推进"五位一体"总体布局和协调推进"四个全面"战略布局，牢固树立和贯彻落实新发展理念，适应供给侧结构性改革要求，以服务乡村振兴战略、满足亿万农民对机械化生产的需要为目标，以农机农艺融合、机械化信息化融合、农机服务模式与农业适度规模经营相适应、机械化生产与农田建设相适应为路径，以科技创新、机制创新、政策创新为动力，补短板、强弱项、促协调，推动农机装备产业向高质量发展转型，推动农业机械化向全程全面高质高效升级，走出一条中国特色农业机械化发展道路，为实现农业农村现代化提供有力支撑。

Q 80.《农业机械化促进法》对农业机械产品和使用安全有哪些规定，哪些农业机械纳入了牌证管理

党中央、国务院高度重视安全工作。《农业机械化促进法》第十一条规定：对农业机械产品涉及人身安全、农产品质量安全和环境保护的技术要求，应当按照有关法律、行政法规的规定制定强制执行的技术规范。《农业机械运行安全技术条件》（GB 16151—2008），就是目前必须强制执行的国家标准之一。

《农业机械化促进法》第十三条规定：农业机械生产者应当按照国家标准、行业标准和保障人身安全的要求，在其生产的农业机械产品上设置必要的安全防护装置、警示标志和中文警示说明。第二十条规定：农业机械使用者作业时，应当按照安全操作规程操作农业机械，在有危险的部位和作业现场设置防护装置或者警示标志。因此，农业机械生产者和使用者，应当严格按照法律规定，采取安全措施，预防事故发生，保障生命财产安全。第二十条规定：国务院农业行政主管部门和县级以上地方人民政府主管农业机械化工作的部门，应当按照安全生产、预防为主的方针，加强对农业机械安全使用的宣传、教育和管理。

目前，各级农业机械化主管部门，结合春耕、"三夏""三秋"等农业生产重要时节以及安全生产月等重点时期，开展广泛的农机安全宣传教育活动，深入宣传安全法规、安全常识，培训农机驾驶操作技能，促进安全生产。

根据《中华人民共和国道路交通安全法》和《农业机械安全监督管理条例》规定，拖拉机和联合收割机是发生事故较多的农业机械，投入使用前应当进行安全技术检验并取得牌证，确保安全技术状态符合要求，操作人员应取得相应的驾驶证方可驾驶。

《农业机械化促进法》第三十一条规定：农业机械驾驶、操作人员违反国家规定的安全操作规程，违章作业的，责令改正，依照有关法律、行政法规的规定予以处罚；构成犯罪的，依法追究刑事

责任。因此，为确保农业机械安全、高质、高效作业，农业机械驾驶、操作人员必须按照安全操作规程进行驾驶操作；违章作业的，将受到相应的处罚；构成犯罪的，依法追究刑事责任。

Q 81.《农业机械化促进法》在农业机械化标准方面有哪些规定，农业机械化标准的作用是什么

《农业机械化促进法》第十一条规定：国家加强农业机械化标准体系建设，制定和完善农业机械产品质量、维修质量和作业质量等标准。

农业机械化标准是对农业机械化生产、管理过程中重复发生的事物的规律性认识和总结，包括国家标准、行业标准、地方标准和团体标准。目前，现行农业机械化领域国家标准有 14 项，农业行业标准 346 项。这些标准应用于农业机械化的技术管理、社会化服务和安全使用等环节，规范和调整机械化农业生产活动中的管理者、技术服务提供者和用户之间的关系，为农业机械化生产服务和管理活动等提供技术依据。

Q 82.《农业机械化促进法》对农业机械质量监督管理有哪些规定

《农业机械化促进法》第十二条规定：市场监督管理部门应当依法组织对农业机械产品质量的监督抽查，加强对农业机械产品市场的监督管理工作。产品质量监督抽查是质量监管的主要方式。市场监管部门依据《中华人民共和国产品质量法》，履行企业生产产品和流通领域的商品质量监管职责。对"可能危及人体健康和人身、财产安全，用户和有关组织反映有质量问题"的农机产品进行抽查，抽查的样品在市场上或者企业成品仓库内的待销产品中随机抽取。为防止重复抽查，全国性抽查计划由国家市场监管总局统一组织协调，地方性抽查计划由省级市场监管部门统一协调。

《农业机械化促进法》第十二条规定：国务院农业行政主管部门和省级人民政府主管农业机械化工作的部门根据农业机械使用者的投诉情况和农业生产的实际需要，可以组织对在用的特定种类农业机械产品的适用性、安全性、可靠性和售后服务状况进行调查，并公布调查结果。农业机械质量调查是根据农机产品特点对农机产

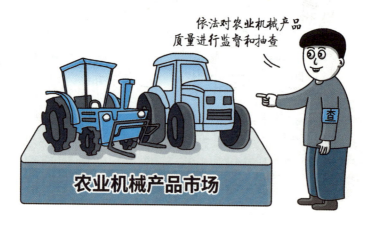

依法对农业机械产品质量进行监督和抽查

农业机械产品市场

品质量监督在《中华人民共和国产品质量法》基础上的重要补充，也是农业机械质量监督的重要形式。2008 年以来，省级以上农业机械化主管部门，依法组织省级以上农机鉴定机构，对拖拉机、玉米收获机、水稻插秧机、谷物干燥机等 20 多种产品开展了质量调查。通过公布调查结果和提出改进意见和建议，促进农机企业创新改进、提升产品质量和服务水平，维护农机消费者合法权益，推动行业健康发展。

Q 83. 农民购买的农业机械出现质量问题怎么办

《农业机械化促进法》第十四条规定：农业机械产品不符合质量要求的，农业机械生产者、销售者应当负责修理、更换、退货；给农业机械使用者造成农业生产损失或者其他损失的，应当依法赔偿损失。农业机械使用者有权要求农业机械销售者先予赔偿。农业机械销售者赔偿后，属于农业机械生产者责任的，农业机械销售者有权向农业机械生产者追偿。因农业机械存在缺陷造成人身伤害、财产损失的，农业机械生产者、销售者应当依法赔偿损失。

为维护农业机械产品用户的合法权益，提高农业机械产品质量和售后服务质量，《农业机械产品修理、更换、退货责任规定》进一步明确了农业机械产品生产者、销售者、修理者的修理、更换、退货（三包）责任。三包有效期内农机产品出现质量问题，农机用户凭三包凭证在指定的或者约定的修理者处进行免费修理，维修产生的工时费、材料费及合理的运输费等由三包责任人承担；符合本规定换货、退货条件，农机用户要求换货、退货的，凭三包凭证、修理记录、购机发票更换、退货；因质量问题给农机用户造成损失的，销售者应当依法负责赔偿相应的损失。三包有效期内，送修的农机产品自送修之日起超过 30 个工作日未修好，农机用户可以选择继续修理或换货。要求换货的，销售者应当凭三包凭证、维护和修理记录、购机发票免费更换同型号同规格的产品。三包有效期内，农机产品因出现同一严重质量问题，累计修理 2 次后仍出现同一质量问题无法正常使用的；或农机产品购机的第一个作业季开始 30 日内，除因易损件外，农机产品因同一一般质量问题累计修理 2 次后，又出现同一质量问题的，农机用户可以凭三包凭证、维护和修理记录、购机发票，选择更换相关的主要部件或系统，由销售者负责免费更换。三包有效期内，销售者不履行三包义务的，或者农机产品需要进行质量检验或鉴定的，三包有效期自农机用户的请求之日起中止计算，三包有效期按照中止的天数延长；造成直接损失的，应当依法赔偿。

Q 84.《农业机械化促进法》对列入依法经过认证的农业机械产品生产、出厂、销售和进口有哪些规定，哪些农业机械依法纳入了强制性认证管理范围

　　国家依法对涉及人类健康安全、动植物生命安全和健康，以及环境保护和公共安全的产品实行统一的强制性产品认证制度。《农业机械化促进法》第十五条规定：列入依法必须经过认证的产品目录的农业机械产品，未经认证并标注认证标志，禁止出厂、销售和进口。禁止生产、销售不符合国家技术规范强制性要求的农业机械产品。禁止利用残次零配件和报废机具的部件拼装农业机械产品。

　　目前列入强制性认证范畴的农机产品为植物保护机械和以单缸柴油机或功率不大于 18.4 千瓦的多缸柴油机为动力的轮式拖拉机，这些产品必须经过强制性产品认证并加贴 3C 认证标志后方可出厂、销售和进口。

85. 农业机械试验鉴定机构是如何开展鉴定工作的，种技术评价在农业机械化发展中发挥了什么样的作用

《农业机械化促进法》第十六条规定：国家支持向农民和农业生产经营组织推广先进适用的农业机械产品。推广农业机械产品，应当适应当地农业发展的需要，并依照农业技术推广法的规定，在推广地区经过试验证明具有先进性和适用性。农业机械生产者或者销售者，可以委托农业机械试验鉴定机构，对其定型生产或者销售的农业机械产品进行适用性、安全性和可靠性检测，作出技术评价。农业机械试验鉴定机构应当公布具有适用性、安全性和可靠性的农业机械产品的检测结果，为农民和农业生产经营组织选购先进适用的农业机械提供信息。

农业机械试验鉴定，是指农业机械试验鉴定机构通过科学试验、检测和考核，对农业机械的适用性、安全性和可靠性作出技术评价，为农业机械的选择和推广提供依据和信息的活动。根据鉴定目的不同，农机鉴定分为两类。

（1）推广鉴定。主要是全面考核农业机械性能，评定是否适于推广。

（2）专项鉴定。主要是考核、评定农业机械创新产品的专项性能。

农机鉴定由农业机械生产者或者销售者自愿申请。农机试验鉴定作为一种技术评价，主要起以下作用：一是为现代农业技术推广提供重要保障；二是为农民选购适用农机提供重要依据；三是为生产企业技术进步发挥促进作用；四是为实施购机补贴政策发挥支撑作用。

Q 86. 国家采取哪些措施鼓励农机跨区作业服务

《农业机械化促进法》第二十一条规定：国家鼓励跨行政区域开展农业机械作业服务。各级人民政府及其有关部门应当支持农业机械跨行政区域作业，维护作业秩序，提供便利和服务，并依法实施安全监督管理。

《收费公路管理条例》第七条第三款规定："进行跨区作业的联合收割机、运输联合收割机（包括插秧机）的车辆，免交车辆通行费。"组织跨区作业一直是各级政府及农业农村部门的一项重要工作。

《联合收割机跨区作业管理办法》规定：每年年初农业农村部将当年"跨区作业证"印发至各地，开展跨区作业的农户或农机作业组织应携带跨区作业机具的牌证到当地县级以上农机管理部门登记并免费申领"跨区作业证"，在跨区作业途中应将作业证随机具携带以备查验。

　　各地农业农村、公安和交通部门在集中跨区作业期间组织做好保障服务，包括落实免费通行政策、及时发布作业需求信息、设立跨区服务站、维护跨区作业市场秩序、协调优先优惠供应作业用油以及提供其他便利和公共服务。机手或作业队在跨区作业出发前或途中应及时关注各级农机管理部门通过多种渠道发布的作业需求信息，也可通过手机客户端等社会化平台进行作业需求对接；在跨区作业途中，应注意道路转移、田间作业及人身安全，订立口头或书面作业服务协议，按照国家及地方有关农机作业质量标准或约定标准开展作业服务，遇到问题可与当地农机管理部门联系协助。

87.《农业机械化促进法》在农业机械维修方面有哪些规定

　　农业机械维修是农机化生产不可缺少的重要环节，尤其是在农忙季节，维修是否及时有效，关系到粮食是否可以颗粒归仓。《农业机械化促进法》第二十四条规定：从事农业机械维修，应当具备与维修业务相适应的仪器、设备和具有农业机械维修职业技能的技术人员，保证维修质量。维修质量不合格的，维修者应当免费重新修理；造成人身伤害或者财产损失的，维修者应当依法承担赔偿责任。

　　《农业机械安全监督管理条例》第十八条规定：从事农业机械维修经营，应当有必要的维修场地，有必要的维修设施、设备和检测仪器，有相应的维修技术人员，有安全防护和环境保护措施。第十九条规定：农业机械维修经营者应当遵守国家有关维修质量安全技术规范和维修质量保证期的规定，确保维修质量。从事农业机械维修不得有下列行为：（1）使用不符合农业机械安全技术标准的零配件；（2）拼装、改装农业机械整机；（3）承揽维修已经达到报废

条件的农业机械；（4）法律、法规和国务院农业机械化主管部门规定的其他禁止性行为。

2018年，国务院印发文件，取消了"农机维修技术合格证"，推进维修管理"放管服"改革，力求进一步调动农机维修从业者的积极性、自主性，使办理从业手续更加简便，服务范围更加广泛。

Q 88. 国家对农业机械化科技创新有哪些鼓励措施

　　《农业机械化促进法》第二十六条规定：国家采取措施，鼓励和支持农业机械生产者增加新产品、新技术、新工艺的研究开发投入，并对农业机械的科研开发和制造实施税收优惠政策。中央和地方财政预算安排的科技开发资金应当对农业机械工业的技术创新给予支持。国家鼓励和支持农业机械生产者增加新产品、新技术、新工艺的研究开发投入，提高农业机械产品的质量和技术水平，降低生产成本，提供系列化、标准化、多功能和质量优良、节约能源、价格合理的新型农业机械产品。

当前和今后一个时期，国家将加强顶层设计与动态评估，建立健全部门协调联动、覆盖关联产业的协同创新机制，增强科研院所原始创新能力，完善以企业为主体、市场为导向的农机装备创新体系，研究部署新一代智能农业装备科研项目，支持产学研推用深度融合，推进农机装备创新中心、产业技术创新联盟建设，协同开展基础前沿、关键共性技术研究，促进种养加、粮经饲全程全面机械化创新发展。鼓励企业开展高端农机装备工程化验证，加强与新型农业经营主体对接，探索建立"企业＋合作社＋基地"的农机产品研发、生产、推广新模式，持续提升创新能力。孵化培育一批技术水平高、成长潜力大的农机高新技术企业，促进农机装备领域高新技术产业发展。

89. 国家支持农业机械化发展的主要税收优惠政策有哪些

《农业机械化促进法》第二十六条规定：国家采取措施，鼓励和支持农业机械生产者增加新产品、新技术、新工艺的研究开发投入，并对农业机械的科研开发和制造实施税收优惠政策。

《中华人民共和国增值税暂行条例》规定，纳税人销售或者进口下列货物，税率为 11％：饲料、化肥、农药、农机、农膜。

《农业机械化促进法》第二十八条规定：从事农业机械生产作业服务的收入，按照国家规定给予税收优惠。财政部、国家税务总局《关于全面推开营业税改征增值税试点的通知》（财税〔2016〕36 号）附件 3《营业税改征增值税试点过渡政策的规定》，决定"对农业机耕等项目免征增值税"。其中，农业机耕是指在农业、林业、牧业中使用农业机械进行耕作（包括耕耘、种植、收割、脱粒、植物保护等）的业务。

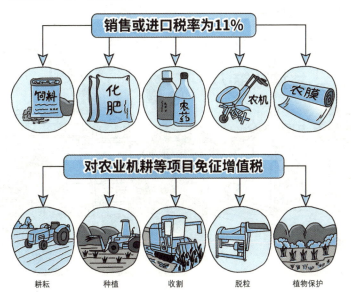

Q 90. 国家对农民购买农业机械有什么扶持政策

党中央、国务院高度重视农机化发展，大力支持农民购买农机，有力提升了农业物质装备水平。《农业机械化促进法》第二十七条规定：中央财政、省级财政应当分别安排专项资金，对农民和农业生产经营组织购买国家支持推广的先进适用的农业机械给予补贴。补贴资金的使用应当遵循公开、公正、及时、有效的原则，可以向农民和农业生产经营组织发放，也可以采用贴息方式支持金融机构向农民和农业生产经营组织购买先进适用的农业机械提供贷款。

农机购置补贴政策从 2004 年起实施，中央财政补贴资金规模逐年扩大，实施范围覆盖全国所有农牧业县（场），实施方式为自主购机、定额补贴、先购后补、县级结算、直补到卡（户），补贴

对象为从事农业生产的个人和农业生产经营组织，补贴机具种类由各省结合实际从全国范围选择确定，实行补贴范围内机具应补尽补，优先保证粮食等主要农产品生产所需机具和深松整地、免耕播种、高效植保、节水灌溉、高效施肥、秸秆还田离田、残膜回收、畜禽粪污资源化利用、病死畜禽无害化处理等支持农业绿色发展机具的补贴需要。补贴标准由省级农机化主管部门按规定确定，一般机具的中央财政资金单机补贴额不超过 5 万元；挤奶机械、烘干机单机补贴额不超过 12 万元；100 马力以上大型拖拉机、高性能青饲料收获机、大型免耕播种机、大型联合收割机、水稻大型浸种催芽程控设备单机补贴额不超过 15 万元；200 马力以上拖拉机单机补贴额不超过 25 万元；大型甘蔗收获机单机补贴额不超过 40 万元；大型棉花采摘机单机补贴额不超过 60 万元。

2019 年，农业农村部和财政部在北京、上海、江西等省（市）启动了农机购置综合补贴试点，在四川省启动了农机化发展综合奖补试点，试点省份采用购置补贴、贷款贴息、融资租赁、承租补助等方式支持农民购机。

第七部分

渔 业 法

扫码阅读
《渔业法》全文

Q 91. 《渔业法》的适用范围和适用对象包括哪些

《中华人民共和国渔业法》（简称《渔业法》）适用的地域范围既包括我国的领土，也包括我国领水以外归我国管辖的一切海域。具体适用范围包括我国的内水、滩涂、领海，其中内水是我国领海基线向陆一侧的海域和江河、湖泊等内陆水域，也包括我国的专属经济区，还包括根据我国缔结、参加的国际条约、协定或者其他有关国际法，我国管辖的一切其他海域。

《渔业法》适用的对象既包括我国从事养殖和捕捞水生动物、水生植物等渔业生产活动的单位和个人，也包括进入我国管辖水域，从事渔业生产或者渔业资源调查活动的外国人、外国渔业船舶。外国人、外国渔业船舶进入我国管辖水域，从事渔业生产或者渔业资源调查活动必须经国务院有关主管部门批准，并且应当遵守我国《渔业法》和我国其他有关法律、法规的规定。如果该外国同我国订有条约、协定的，按照条约、协定办理。

Q 92. 国家对渔业的监督管理如何实现统一领导

　　国家对渔业的监督管理实行统一领导、分级管理。其中统一领导包括：（1）渔业的监督管理统一由国务院渔业行政主管部门主管；（2）国务院划定的"机动渔船底拖网禁渔区线"外侧，属于中华人民共和国管辖海域的渔业，由国务院渔业行政主管部门及其所属的海区渔政管理机构监督管理；（3）跨省、自治区、直辖市的大型江河渔业，可以由国务院渔业行政主管部门监督管理；（4）重要的、洄游性的共用渔业资源，由国家统一管理；（5）舟山渔场冬季带鱼汛，浙江渔场大黄鱼汛，闽东、闽中渔场大黄鱼汛，吕泗渔场大黄鱼、小黄鱼、鲳鱼汛，渤海渔场秋季对虾汛等主要渔场、渔汛和跨海区管理线的捕捞作业，由国务院渔业行政主管部门或其授权单位安排。

Q 93. 从事渔业养殖有哪些规定和要求

　　国家鼓励全民所有制单位、集体所有制单位和个人充分利用适于养殖的水域、滩涂，发展养殖业。使用全民所有的水面、滩涂从事养殖生产的全民所有制单位和集体所有制单位，应当向县级以上地方人民政府申请养殖使用证。县级以上地方人民政府在核发养殖证时，应当优先安排当地的渔业生产者。集体所有的或者全民所有由农业集体经济组织使用的水域、滩涂，可以由个人或者集体承包，从事养殖生产。

　　国家对于养殖场所是有要求的，其中全民所有的水面、滩涂中的鱼、虾、蟹、贝、藻类的自然产卵场、繁殖场、索饵场及重要的洄游通道必须予以保护，不得划作养殖场所。从事养殖生产不得使用含有毒有害物质的饵料、饲料。从事养殖生产应当保护水域生态环境，科学确定养殖密度，合理投饵、施肥、使用药物，不得造成水域的环境污染。

Q 94. 使用全民所有的水域、滩涂从事养殖生产，致使其荒芜的应该受到什么处罚

使用全民所有的水域、滩涂从事养殖生产，无正当理由使水域、滩涂荒芜满一年的，由发放养殖证的机关责令限期开发利用；逾期未开发利用的，吊销养殖证，可以并处 10 000 元以下的罚款。"荒芜"是指领取养殖使用证、从事养殖生产的单位无正当理由未从事养殖生产，或者放养最低于当地同类养殖水域平均放养量 60％的，在法律上应当被视为荒芜。

无正当理由使全民所有的水域、滩涂
荒芜满一年,发证机关责令限期开发

逾期未开发吊销养殖证
并处10 000元以下的罚款

Q 95. 对于未取得养殖证而擅自在全民所有的水域从事养殖生产的，应该承担什么责任

　　对于未依法取得养殖证擅自在全民所有的水域从事养殖生产的，有关部门有权责令其改正，并补办养殖证或者限期拆除养殖设施。对于未依法取得养殖证或者超越养殖证许可范围在全民所有的水域从事养殖生产，妨碍航运、行洪的，有关部门有权责令其限期拆除养殖设施，可以并处 10 000 元以下的罚款。

Q 96. 渔业捕捞是否需要许可，具体有哪些规定

国家对捕捞业实行捕捞许可证制度。捕捞许可证不得买卖、出租和以其他形式转让，不得涂改、伪造、变造。其中，到我国与有关国家缔结的协定确定的共同管理的渔区或者公海从事捕捞作业的捕捞许可证，由国务院渔业行政主管部门批准发放。海洋大型拖网、围网作业的捕捞许可证，由省、自治区、直辖市人民政府渔业行政主管部门批准发放。其他作业的捕捞许可证，由县级以上地方人民政府渔业行政主管部门批准发放。

到他国管辖海域从事捕捞作业的，应当经国务院渔业行政主管部门批准，并遵守我国缔结的或者参加的有关条约、协定和有关国家的法律。

从事捕捞作业的单位和个人，应当随船随身携带捕捞许可证，并按照捕捞许可证关于作业类型、方式、场所、时限，以及渔具数量、主捕品种和捕捞限额的规定进行作业，并遵守国家有关保护渔业资源的规定。

Q 97. 申请捕捞许可证需要具备什么条件

具备下列条件的，方可发给捕捞许可证。

（1）有渔业船舶检验证书。

（2）有渔业船舶登记证书。

（3）符合国务院渔业行政主管部门规定的其他条件。

县级以上地方人民政府渔业行政主管部门批准发放的捕捞许可证，应当与上级人民政府渔业行政主管部门下达的捕捞限额指标相适应。

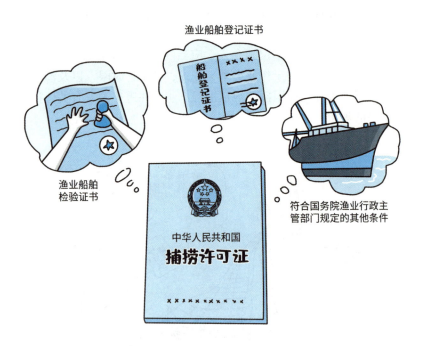

渔业船舶登记证书

渔业船舶检验证书

中华人民共和国
捕捞许可证

符合国务院渔业行政主管部门规定的其他条件

Q 98. 什么是非法捕捞，非法捕捞要承担法律责任吗

从事捕捞作业的单位和个人，必须按照捕捞许可证关于作业类型、场所、时限、渔具数量和捕捞限额的规定进行作业，并遵守国家有关保护渔业资源的规定，大中型渔船应当填写渔捞日志。凡是未依法取得捕捞许可证擅自进行捕捞的，或者在禁渔区、禁渔期或者使用禁用的工具、方法捕捞水产品的行为，都是非法捕捞行为。

对于违反捕捞许可证管理要求的行为，《渔业法》中规定了相应的法律责任。其中对于未依法取得捕捞许可证擅自进行捕捞的，没收渔获物和违法所得，并处 10 万元以下的罚款；情节严重的，并可以没收渔具和渔船。违反捕捞许可证关于作业类型、场所、时限和渔具数量的规定进行捕捞的，没收渔获物和违法所得，可以并处 50 000 元以下的罚款；情节严重的，并可以没收渔具，吊销捕捞许可证。涂改、买卖、出租或者以其他形式转让捕捞许可证的，没收违法所得，吊销捕捞许可证，可以并处 10 000 元以下的罚款；伪造、变造、买卖捕捞许可证，构成犯罪的，依法追究刑事责任。

Q 99. 哪些是破坏渔业资源的、国家禁止的捕捞作业

国家为了保护水产种质资源及其生存环境，明确了限制以下捕捞作业：（1）未经国务院渔业行政主管部门批准，任何单位或者个人不得在水产种质资源保护区内从事捕捞活动；（2）禁止使用炸鱼、毒鱼、电鱼等破坏渔业资源的方法进行捕捞；（3）禁止制造、销售、使用禁用的渔具；（4）禁止在禁渔区、禁渔期进行捕捞；（5）禁止使用小于最小网目尺寸的网具进行捕捞；（6）捕捞的渔获物中幼鱼不得超过规定的比例；（7）在禁渔区或者禁渔期内禁止销售非法捕捞的渔获物等。

对于因科学研究等特殊需要，经省级以上人民政府渔业行政主管部门批准，方可在禁渔区、禁渔期捕捞，或者使用禁用的渔具、捕捞方法，或者捕捞重点保护的渔业资源品种。

不得在保护区内从事捕捞　　禁止炸鱼、毒鱼、电鱼　　禁止制造、销售、使用禁用渔具

禁止在禁渔区、　　禁止使用小于最小网目　　捕捞的渔获物中幼鱼　　禁渔区或禁渔期内禁止
禁渔期进行捕捞　　尺寸的网具进行捕捞　　不得超过规定的比例　　销售非法捕捞的渔获物

Q 100. 对于有重要价值的水生动物苗种，规定了哪些保护措施

　　我国法律和法规明确规定，禁止捕捞有重要经济价值的水生动物苗种。因养殖或者其他特殊需要，捕捞鳗鲡、鲥鱼、中华绒螯蟹、真鲷、石斑鱼等有重要经济价值的苗种或者禁捕的怀卵亲体的，必须经国务院渔业行政主管部门或者省、自治区、直辖市人民政府渔业行政主管部门批准，并领取专项许可证件，方可在指定区域和时间内，按照批准限额捕捞。捕捞其他有重要经济价值的水生动物苗种的批准权，由省、自治区、直辖市人民政府渔业行政主管部门规定。任何单位和个人，在鱼、虾、蟹、贝幼苗的重点产区直接引水、用水的，应当采取避开幼苗的密集期、密集区，或者设置网栅等保护措施。

Q 101. 关于国家重点保护的水生野生动物，有哪些保护性规定

《渔业法》规定：国家对白鳍豚等珍贵、濒危水生野生动物实行重点保护，防止其灭绝。禁止捕杀、伤害国家重点保护的水生野生动物。因科学研究、驯养繁殖、展览或者其他特殊情况，需要捕捞国家重点保护的水生野生动物的，依照《中华人民共和国野生动物保护法》的规定执行。

在相关自然保护区域、禁猎（渔）区、禁猎（渔）期，猎捕国家重点保护野生动物，未取得特许猎捕证、未按照特许猎捕证规定猎捕、杀害国家重点保护野生动物，或者使用禁用的工具、方法猎捕国家重点保护野生动物的，由县级以上人民政府野生动物保护主管部门、海洋执法部门或者有关保护区域管理机构按照职责分工没收猎获物、猎捕工具和违法所得，吊销特许猎捕证，并处猎获物价值 2 倍以上 10 倍以下的罚款；没有猎获物的，并处 10 000 元以上 5 万元以下的罚款；构成犯罪的，依法追究刑事责任。

第八部分
种子（种畜禽）管理有关法律规定

扫码阅读
《种子法》全文

扫码阅读
《畜牧法》全文

Q 102. 《种子法》中所称的种子具体包括哪些

《中华人民共和国种子法（简称《种子法》）中所称种子，是指农作物和林木的种植材料或者繁殖材料，包括籽粒、果实、根、茎、苗、芽、叶、花等。

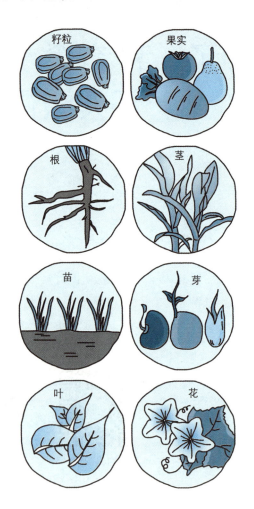

Q 103. 《种子法》中有哪些关于种质资源保护的规定

（1）国家依法保护种质资源，任何单位和个人不得侵占和破坏种质资源。

禁止采集或者采伐国家重点保护的天然种质资源。因科研等特殊情况需要采集或者采伐的，应当经国务院或者省、自治区、直辖市人民政府的农业、林业主管部门批准。

（2）国家有计划地普查、收集、整理、鉴定、登记、保存、交流和利用种质资源，定期公布可供利用的种质资源目录。具体办法由国务院农业、林业主管部门规定。

（3）国务院农业、林业主管部门应当建立种质资源库、种质资源保护区或者种质资源保护地。省、自治区、直辖市人民政府农业、林业主管部门可以根据需要建立种质资源库、种质资源保护区、种质资源保护地。种质资源库、种质资源保护区、种质资源保护地的种质资源属公共资源，依法开放利用。

占用种质资源库、种质资源保护区或者种质资源保护地的，需经原设立机关同意。

（4）国家对种质资源享有主权，任何单位和个人向境外提供种质资源，或者与境外机构、个人开展合作研究利用种质资源的，应当向省、自治区、直辖市人民政府农业、林业主管部门提出申请，并提交国家共享惠益的方案；受理申请的农业、林业主管部门经审核，报国务院农业、林业主管部门批准。

从境外引进种质资源的，依照国务院农业、林业主管部门的有关规定办理。

Q 104. 哪些情形需要办理种子生产经营许可证

　　根据《种子法》的规定，从事种子进出口业务的；从事主要农作物杂交种子及其亲本种子、林木良种种子的生产经营以及实行选育生产经营相结合，符合国务院农业、林业主管部门规定条件的；从事主要农作物常规种子生产经营及非主要农作物种子经营的，需要办理种子生产经营许可证。

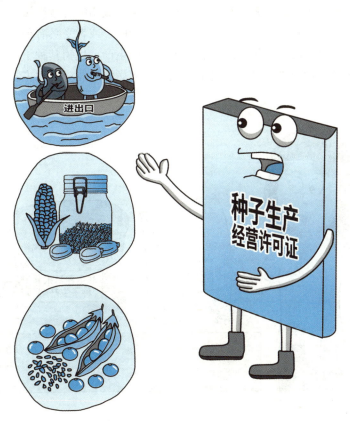

Q 105. 哪些情形不需要办理种子生产经营许可证

根据《种子法》的规定，只从事非主要农作物种子和非主要林木种子生产的，不需要办理种子生产经营许可证。

农民个人自繁自用的常规种子有剩余的，可以在当地集贸市场上出售、串换，不需要办理种子生产经营许可证。

种子生产经营许可证的有效区域由发证机关在其管辖范围内确定。种子生产经营者在种子生产经营许可证载明的有效区域设立分支机构的，专门经营不再分装的包装种子的，或者受具有种子生产经营许可证的种子生产经营者以书面委托生产、代销其种子的，不需要办理种子生产经营许可证，但应当向当地农业、林业主管部门备案。

106. 规范的种子包装应该包括哪些内容

根据《种子法》的规定，标签应当标注种子类别、品种名称、品种审定或者登记编号、品种适宜种植区域及季节、生产经营者及注册地、质量指标、检疫证明编号、种子生产经营许可证编号和信息代码，以及国务院农业、林业主管部门规定的其他事项。

销售授权品种种子的，应当标注品种权号。

销售进口种子的，应当附有进口审批文号和中文标签。

销售转基因植物品种种子的，必须用明显的文字标注，并应当提示使用时的安全控制措施。

种子生产经营者应当遵守有关法律、法规的规定，诚实守信，向种子使用者提供种子生产者信息，种子的主要性状、主要栽培措施、适应性等使用条件的说明，风险提示与有关咨询服务，不得作虚假或者引人误解的宣传。

Q 107. 生产经营假种子将受到什么样的处罚

根据《种子法》的规定，生产经营假种子的，由县级以上人民政府农业、林业主管部门责令停止生产经营，没收违法所得和种子，吊销种子生产经营许可证；违法生产经营的货值金额不足10 000元的，并处 10 000 元以上 10 万元以下罚款；货值金额10 000元以上的，并处货值金额10 倍以上 20 倍以下罚款。

因生产经营假种子犯罪被判处有期徒刑以上刑罚的，种子企业或者其他单位的法定代表人、直接负责的主管人员自刑罚执行完毕之日起 5 年内不得担任种子企业的法定代表人、高级管理人员。

Q 108. 如何界定种子审定及试验、示范、推广与经营行为

（1）按照《中华人民共和国农业技术推广法》第二条第二款的规定，示范是农业技术推广的一种形式，种子示范是种子推广的一个环节。以"示范用种"的名义销售种子的，应当认定为经营、推广行为。

根据《种子法》第十七条的规定，应当审定的农作物品种未经审定通过的，不得发布广告，不得经营、推广。根据《种子法》第十五条和第七十四条的规定，玉米属于主要农作物，玉米品种属于应当审定的农作物品种，未经审定通过的玉米种子不得以任何名义经营、推广。

（2）根据《种子法》第十六条和《主要农作物品种审定办法》（农业部第 44 号令）的规定，通过国家级和省级审定的主要农作物品种分别由国务院农业行政主管部门、省级农业行政主管部门公告，品种审定通过的标志是农业行政主管部门的公告。品种试验是品种审定过程中的一个环节，试验结果是品种审定的依据，正在试验的品种不能认定为已审定通过。

Q 109. 《种子法》中关于假种子和劣种子是怎么规定的

（1）下列种子为假种子。

①以非种子冒充种子或者以此种品种种子冒充其他品种种子的；②种子种类、品种与标签标注的内容不符或者没有标签的。

（2）下列种子为劣种子。

①质量低于国家规定标准的；②质量低于标签标注指标的；③带有国家规定的检疫性有害生物的。

110. 哪些植物品种名称不允许使用

根据《种子法》的规定，下列植物品种名称不允许使用。

（1）仅以数字或者英文字母组成的。

（2）仅以一个汉字组成的。

（3）含有国家名称的全称、简称或者缩写的，但存在其他含义且不易误导公众的除外。

（4）含有县级以上行政区划的地名或者公众知晓的其他国内外地名的，但地名简称、地名具有其他含义的除外。

（5）与政府间国际组织或者其他国际国内知名组织名称相同或者近似的，但经该组织同意或者不易误导公众的除外。

（6）容易对植物品种的特征、特性或者育种者身份等引起误解的，但惯用的杂交水稻品种命名除外。

（7）夸大宣传的。

（8）与他人驰名商标、同类注册商标的名称相同或者近似，未经商标权人同意的。

（9）含有杂交、回交、突变、芽变、花培等植物遗传育种术语的。

（10）违反国家法律法规、社会公德或者带有歧视性的。

（11）不适宜作为品种名称的或者容易引起误解的其他情形。

Q 111. 哪些农作物品种可以推广

通过国家级审定的主要农作物（稻、小麦、玉米、棉花、大豆）品种和林木良种由国务院农业、林业主管部门公告，可以在全国适宜的生态区域推广。

通过省级审定的主要农作物品种和林木良种由省、自治区、直辖市人民政府农业、林业主管部门公告，可以在本行政区域内适宜的生态区域推广。

其他省、自治区、直辖市属于同一适宜生态区的地域引种主要农作物品种、林木良种的，引种者应当将引种的品种和区域报所在省、自治区、直辖市人民政府农业、林业主管部门备案。

列入非主要农作物（稻、小麦、玉米、棉花、大豆以外的其他农作物）登记目录的品种，在推广前应当登记。

Q 112. 哪些畜禽品种列入畜禽遗传资源保护名录

　　根据《中华人民共和国畜牧法》（简称《畜牧法》）规定，国务院农业农村主管部门根据畜禽遗传资源分布状况，制定全国畜禽遗传资源保护和利用规划，制定并公布国家级畜禽遗传资源保护名录，对原产我国的珍贵、稀有、濒危的畜禽遗传资源实行重点保护。省级人民政府农业农村主管部门根据全国畜禽遗传资源保护和利用规划及本行政区域内畜禽遗传资源状况，制定和公布省级畜禽遗传资源保护名录，并报国务院农业农村主管部门备案。

　　2016 年，农业部发布第 2061 号公告，修订了国家级畜禽遗传资源保护名录，将 159 个畜禽地方品种列入名录重点保护，各省、自治区、直辖市也先后制定或修订了一批省级畜禽遗传资源保护名录。

Q 113. 新发现的畜禽遗传资源应当如何保护

《畜牧法》规定：新发现的畜禽遗传资源在国家畜禽遗传资源委员会鉴定前，省级人民政府农业农村主管部门应当制定保护方案，采取临时保护措施，并报国务院农业农村主管部门备案。

该资源所在地省级人民政府农业农村主管部门按照《畜禽新品种配套系审定和畜禽遗传资源鉴定办法》（中华人民共和国农业部令第 65 号）的有关规定，向国家畜禽遗传资源委员会提出资源鉴定申请，国家畜禽遗传资源委员会按照程序鉴定通过后，颁发证书并报国务院农业农村主管部门公告。

新发现的畜禽遗传资源在国家畜禽遗传资源委员会鉴定前，不得向境外输出，不得与境外机构、个人合作研究利用。

Q **114.** 国家级畜禽遗传资源保种场保护区和基因库的名称、地址、性质及保护内容等能否自行变更，受保护的畜禽遗传资源能否自行处理

《畜牧法》规定：国务院农业农村主管部门根据全国畜禽遗传资源保护和利用规划及国家级畜禽遗传资源保护名录，省级人民政府农业农村主管部门根据省级畜禽遗传资源保护名录，分别建立或者确定畜禽遗传资源保种场、保护区和基因库，承担畜禽遗传资源保护任务。

根据《畜禽遗传资源保种场保护区和基因库管理办法》（中华人民共和国农业部令第 64 号），畜禽遗传资源保种场、保护区、基因库经公告后，任何单位和个人不得擅自变更其名称、地址、性质或者保护内容；确需变更的，应当按原程序重新申请。

享受中央和省级财政资金支持的畜禽遗传资源保种场、保护区和基因库，未经农业农村部或者省级人民政府畜牧行政主管部门批准，不得擅自处理受保护的畜禽遗传资源。

根据《畜牧法》第五十八条规定，擅自处理受保护的畜禽遗传资源，造成畜禽遗传资源损失的，由省级以上人民政府农业农村主管部门处 5 万元以上 50 万元以下罚款。

Q 115. 有关单位和个人可否不经审批开展畜禽遗传资源进出境和对外合作研究利用

根据《畜牧法》和《畜禽遗传资源进出境和对外合作研究利用审批办法》，从境外引进畜禽遗传资源的，向境外输出或者在境内与境外机构、个人合作研究利用列入保护名录的畜禽遗传资源的，应当向省级人民政府农业农村主管部门提出申请，同时提出国家共享惠益的方案；受理申请的农业农村主管部门经审核，报国务院农业农村主管部门批准。上述规定所指的畜禽遗传资源，包括畜禽及其卵子（蛋）、胚胎、精液、基因物质等遗传材料。

禁止向境外输出或者在境内与境外机构、个人合作研究利用我国特有的、新发现未经鉴定的畜禽遗传资源以及国务院农业农村主管部门禁止出口的其他畜禽遗传资源。

根据法律规定，未经审核批准，从境外引进畜禽遗传资源的，

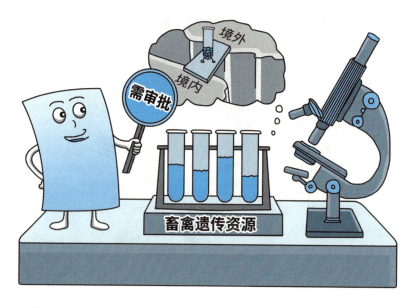

以及在境内与境外机构、个人合作研究利用列入保护名录的畜禽遗传资源的，由省级以上人民政府农业农村主管部门责令停止违法行为，没收畜禽遗传资源和违法所得，并处 10 000 元以上 5 万元以下罚款。未经审批向境外输出畜禽遗传资源的，依照《中华人民共和国海关法》的有关规定追究法律责任。海关应当将扣留的畜禽遗传资源移送省级人民政府农业农村主管部门处理。

Q 116. 畜禽新品种、配套系推广前是否需要审定

　　根据《畜牧法》第十九条等条文规定，培育的畜禽新品种、配套系和新发现的畜禽遗传资源在推广前，应当通过国家畜禽遗传资源委员会审定或者鉴定，并由国务院农业农村主管部门公告。转基因畜禽品种的培育、试验、审定和推广，应当符合国家有关农业转基因生物管理的规定。

　　农业农村部根据《畜牧法》制定了《畜禽新品种配套系审定和畜禽遗传资源鉴定办法》（中华人民共和国农业部令第65号），对畜禽新品种、配套系审定的有关要求进行了详细规定。

117. 哪些情形需要办理种畜禽生产经营许可证

　　《畜牧法》规定：从事种畜禽生产经营或者生产商品代仔畜、雏禽的单位、个人，应当取得种畜禽生产经营许可证。但是农户饲养的种畜禽用于自繁自养和有少量剩余仔畜、雏禽出售的，农户饲养种公畜进行互助配种的，不需要办理种畜禽生产经营许可证。

　　法律禁止任何单位、个人无种畜禽生产经营许可证或者违反种畜禽生产经营许可证的规定生产经营种畜禽。禁止伪造、变造、转让、租借种畜禽生产经营许可证。

从事种畜禽生产经营

生产商品代仔畜、雏禽
的单位或个人

Q 118. 销售种畜禽有哪些具体要求，不能有哪些行为

《畜牧法》规定：销售的种畜禽和家畜配种站（点）使用的种公畜，必须符合种用标准。销售种畜禽时，应当附具种畜禽场出具的种畜禽合格证明、动物防疫监督机构出具的检疫合格证明，销售的种畜还应当附具种畜禽场出具的家畜系谱。生产家畜卵子、冷冻精液、胚胎等遗传材料，应当有完整的采集、销售、移植等记录，记录应当保存2年。

种畜禽场和孵化场（厂）销售商品代仔畜、雏禽的，应当向购买者提供其销售的商品代仔畜、雏禽的主要生产性能指标、免疫情况、饲养技术要求和有关咨询服务，并附具动物防疫监督机构出具的检疫合格证明。

销售种畜禽和商品代仔畜、雏禽，因质量问题给畜禽养殖者造

成损失的，应当依法赔偿损失。

销售种畜禽，不得有下列行为。

（1）以其他畜禽品种、配套系冒充所销售的种畜禽品种、配套系。

（2）以低代别种畜禽冒充高代别种畜禽。

（3）以不符合种用标准的畜禽冒充种畜禽。

（4）销售未经批准进口的种畜禽。

（5）销售未附具种畜禽合格证明、检疫合格证明的种畜禽或者未附具家畜系谱的种畜。

（6）销售未经审定或者鉴定的种畜禽品种、配套系。

Q 119.《畜牧法》中对种畜禽生产经营中的违法行为应该如何处罚

《畜牧法》第六十一条规定：销售、推广未经审定或者鉴定的畜禽品种的，由县级以上人民政府畜牧兽医行政主管部门责令停止违法行为，没收畜禽和违法所得；违法所得在5万元以上的，并处违法所得1倍以上3倍以下罚款；没有违法所得或者违法所得不足5万元的，并处5 000元以上5万元以下罚款。

第六十二条规定：无种畜禽生产经营许可证或者违反种畜禽生产经营许可证的规定生产经营种畜禽的，转让、租借种畜禽生产经营许可证的，由县级以上人民政府畜牧兽医行政主管部门责令停止违法行为，没收违法所得；违法所得在3万元以上的，并处违法所得1倍以上3倍以下罚款；没有违法所得或者违法所得不足3万元的，并处3 000元以上3万元以下罚款。违反种畜禽生产经营许可证的规定生产经营种畜禽或者转让、租借种畜禽生产经营许可证，情节严重的，并处吊销种畜禽生产经营许可证。

第六十四条规定：使用的种畜禽不符合种用标准的，由县级以上地方人民政府畜牧兽医行政主管部门责令停止违法行为，没收违法所得；违法所得在5 000元以上的，并处违法所得1倍以上2倍以下罚款；没有违法所得或者违法所得不足5 000元的，并处1 000元以上5 000元以下罚款。

第六十五条规定：对以其他畜禽品种、配套系冒充所销售的种畜禽品种、配套系，以低代别种畜禽冒充高代别种畜禽，以不符合种用标准的畜禽冒充种畜禽，销售未经批准进口的种畜禽，由县级以上人民政府畜牧兽医行政主管部门或者工商行政管理部门责令停止销售，没收违法销售的畜禽和违法所得；违法所得在5万元以上的，并处违法所得1倍以上5倍以下罚款；没有违法所得或者违法所得不足5万元的，并处5 000元以上5万元以下罚款；情节严重的，并处吊销种畜禽生产经营许可证或者营业执照。

第六十八条规定：销售的种畜禽未附具种畜禽合格证明、检疫合格证明、家畜系谱的，销售、收购国务院畜牧兽医行政主管部门规定应当加施标识而没有标识的畜禽的，或者重复使用畜禽标识的，由县级以上地方人民政府畜牧兽医行政主管部门或者工商行政管理部门责令改正，可以处 2 000 元以下罚款。

　　违反规定，使用伪造、变造的畜禽标识的，由县级以上人民政府畜牧兽医行政主管部门没收伪造、变造的畜禽标识和违法所得，并处 3 000 元以上 3 万元以下罚款。

　　第六十九条规定：销售不符合国家技术规范的强制性要求的畜禽的，由县级以上地方人民政府畜牧兽医行政主管部门或者工商行政管理部门责令停止违法行为，没收违法销售的畜禽和违法所得，并处违法所得 1 倍以上 3 倍以下罚款；情节严重的，由工商行政管理部门并处吊销营业执照。

第九部分

关于全面禁止非法野生动物交易、革除滥食野生动物陋习、切实保障人民群众生命健康安全的决定

扫码阅读
《决定》全文

Q 120. 全国人大常委会出台《决定》的主要考量和重要意义是什么

　　新型冠状病毒肺炎疫情发生以来，因滥食野生动物造成的突出问题及对公共卫生安全构成的重大隐患，引起了社会各界的广泛关注。党中央高度重视，习近平总书记多次作出重要指示。经研究，全面修订《中华人民共和国野生动物保护法》（简称《野生动物保护法》）需要一个过程，在疫情防控的关键时刻，由全国人大常委会尽快通过一个关于野生动物的专门决定，既十分必要又十分紧迫。全国人大常委会出台《关于全面禁止非法野生动物交易、革除滥食野生动物陋习、切实保障人民群众生命健康安全的决定》（简称《决定》），能够聚焦滥食野生动物的突出问题，在相关法律修改

> 在相关法律修改前，先及时明确全面禁止食用野生动物，严厉打击非法野生动物交易，为打赢疫情阻击战等提供有力的立法保障

出台《决定》

之前，先及时明确全面禁止食用野生动物，严厉打击非法野生动物交易，为打赢疫情阻击战、保障人民群众生命健康安全提供有力的立法保障。同时，出台《决定》，对于提高全体社会成员的生态保护和公共卫生安全意识，革除滥食野生动物陋习，推动生态文明建设，促进人与自然和谐共生，也具有重要意义。

Q 121.《决定》颁布以后，经有关部门审核许可的野生动物人工繁育、饲养项目该何去何从

我国野生动物养殖业具有一定规模，产值较大，从业人员众多。有的地方把野生动物养殖作为重要的扶贫产业，一些养殖户、从业者还是贫困地区的贫困户。《决定》第七条为此专门作出规定，体现了对这种情况的重视、预判和制度安排。对这类养殖，要客观、具体分析对待。属于禁养的种要禁止继续养殖；有些要改为国家允许人工养殖的其他种进行养殖；有的现有养殖种被禁食后，可做国家允许的其他开发利用。

总之，要区别情况，稳妥处理，不要"一刀切""一关了之"

野生动物人工繁育、饲养项目

"一杀了之"。要从物种、检疫、资金、技术、信息、设施、保管、运输、加工利用、合理补偿等各环节、各渠道帮助解决实际问题，使这些养殖场（户）依法合规经营、有序有效转产转型升级，特别是要保证贫困养殖户不减收不返贫。有关地方人民政府应当按照要求提供相应保障，根据实际情况及时给予一定补偿，并积极主动支持、指导、帮助受影响的农户识大体、顾大局，稳妥实现调整和转产，尽量减少损失。

Q 122. 相较《野生动物保护法》等相关法律法规，《决定》在禁食范围上有何细化

首先，《决定》强调，凡《野生动物保护法》和其他法律规定禁止食用的野生动物，必须严格执行禁食规定，不能食用；其次，全面禁止食用国家保护的"有重要生态、科学、社会价值的陆生野生动物"以及其他包括人工繁育、人工饲养的陆生野生动物。因此，《决定》是对现行《野生动物保护法》等相关法律法规全面、严格、兜底式的一次补充，消除了法律上的模糊、空白地带，实现了对野生动物"应保尽保、应禁全禁"。

第十部分

农作物病虫害
防治条例

扫码阅读
《农作物病虫害防治条例》全文

Q 123. 农作物病虫害防治法律制度有哪些

《农作物病虫害防治条例》（简称《条例》）设立了下列法律制度：一是推行农作物病虫害分类管理制度。一类农作物病虫害严重发生时，防控工作由农业农村部进行综合协调、指导；二类农作物病虫害严重发生时，防控工作由省级农业农村主管部门进行综合协调、指导；三类农作物病虫害严重发生时，防控工作由市县农业农村主管部门进行综合协调、指导。二是建立农作物病虫害监测制度，农业农村部、省级农业农村主管部门分别编制全国、地方农作物病虫害监测网络规划并组织实施，市（县）农业农村主管部门组织开展农作物病虫害监测和监测网络管理。三是建立农作物病虫害预报制度，农业农村主管部门负责发布农作物病虫害预报。四是建立农作物病虫害预防控制制度，农业农村主管部门组织制定和实施农作物病虫害预防控制方案。五是农作物病虫害应急处置制度，由农业农村部和地方人民政府分别制定并组织实施农作物病虫害应急处置预案。

推行农作物病虫害
分类管理制度

建立农作物病虫害
监测制度

建立农作物病虫害
预报制度

建立农作物病虫害
预防控制制度

农作物病虫害
应急处置制度

Q 124. 什么是农作物病虫害的分类管理

《条例》规定：根据农作物病虫害的特点及其对农业生产的危害程度，将农作物病虫害分为三类。

对常年发生面积特别大或者可能给农业生产造成特别重大损失的农作物病虫害确定为一类农作物病虫害，其名录由农业农村部制定、公布。一类农作物病虫害严重发生时，应当对控制工作进行综合协调、指导。

对常年发生面积大或者可能给农业生产造成重大损失的病虫害确定为二类农作物病虫害，其名录由省级农业农村主管部门制定、公布，并报农业农村部备案；一类农作物病虫害和二类农作物病虫害以外的其他病虫害确定为三类农作物病虫害。二类、三类农作物病虫害严重发生时，由省级农业农村主管部门对控制工作进行综合协调、指导。

Q 125. 农业农村部公布的一类农作物病虫害有哪些

中华人民共和国农业农村部于 2020 年 9 月 15 日发布第 333 号公告,公布一类农作物病虫害名录。列入该名录的虫害 10 种,即草地贪夜蛾、飞蝗(含其他迁移性蝗虫)、草地螟、粘虫(含东方粘虫和劳氏粘虫)、稻飞虱(含褐飞虱和白背飞虱)、稻纵卷叶螟、二化螟、小麦蚜虫(含荻草谷网蚜、禾谷缢管蚜和麦二叉蚜)、马铃薯甲虫、苹果蠹蛾。列入该名录的病害 7 种,即小麦条锈病、小麦赤霉病、稻瘟病、南方水稻黑条矮缩病、马铃薯晚疫病、柑橘黄龙病、梨火疫病(含亚洲梨火疫病)。

另,依照《条例》规定,新发现的农作物病虫害可能给农业生产造成重大或者特别重大损失的,在确定其分类前,按照一类农作物病虫害管理。

一类农作物病虫害名录

草地贪夜蛾　　　稻纵卷叶螟　　　粘虫

草地螟　　　二化螟　　　飞蝗

稻飞虱　　小麦蚜虫　　马铃薯甲虫　　苹果蠹蛾

126. 各级农业农村主管部门在农作物病虫害监测预报中应当履行哪些职责

依照《条例》规定，各级农业农村主管部门应当加强对农作物病虫害监测网络的管理，按照有关技术要求组织迁建农作物病虫害监测设施设备，及时组织修复或者重新建设毁损的农作物病虫害监测设施设备，组织开展农作物病虫害监测，按照农业农村部的规定发布农作物病虫害预报；省级以上农业农村主管部门编制全国农作物病虫害监测网络建设规划并组织实施；省级农业农村主管部门应当组织境内有关单位与境外组织和个人在我国境内联合开展农作物病虫害监测活动；下级农业农村主管部门应当及时向上级农业农村主管部门报告农作物病虫害监测信息。

Q 127. 农业生产经营者等有关单位和个人在农作物病虫害监测预报中应当遵守哪些规定

依照《条例》规定，农业生产经营者等有关单位和个人在农作物病虫害监测预报中应当遵守下列规定。

（1）不得侵占、损毁、拆除、擅自移动农作物病虫害监测设施设备，或者以其他方式妨害农作物病虫害监测设施设备正常运行。

（2）新建、改建、扩建建设工程应当避开农作物病虫害监测设施设备。

（3）配合做好农作物病虫害监测。

（4）不得瞒报、谎报农作物病虫害监测信息，不得授意他人编造虚假信息，不得阻挠他人如实报告。

（5）不得向社会发布农作物病虫害预报。

（6）境外组织和个人不得在我国境内开展农作物病虫害监测活动。

（7）不得擅自向境外组织和个人提供未发布的农作物病虫害监测信息。

128. 各级农业农村主管部门在农作物病虫害预防控制中应当履行哪些职责

依照《条例》规定，各级农业农村主管部门在农作物病虫害预防控制中应当履行的职责为：组织制定农作物病虫害预防控制方案；健全农作物病虫害防治体系，并组织开展农作物病虫害抗药性监测评估，为农业生产经营者提供农作物病虫害预防控制技术培训、指导、服务；在农作物病虫害孳生地、源头区组织开展作物改种、植被改造、环境整治等生态治理工作，调整种植结构，防止农作物病虫害孳生和蔓延；指导农业生产经营者选用抗病、抗虫品种，采用包衣、拌种、消毒等种子处理措施，采取合理轮作、深耕除草、覆盖除草、土壤消毒、清除农作物病残体等健康栽培管理措施，预防农作物病虫害。

Q 129. 农业生产经营者等有关单位和个人在农作物病虫害预防控制中应当遵守哪些规定

　　依照《条例》规定，农业生产经营者等有关单位和个人在农作物病虫害预防控制中应当遵守下列规定：从事农作物病虫害研究、饲养、繁殖、运输、展览等活动的，应当采取措施防止其逃逸、扩散；开展农作物病虫害防治使用农药时，应当遵守农药安全、合理使用制度，严格按照农药标签或者说明书使用农药；农田除草时，应当防止除草剂危害当季和后茬作物；农田灭鼠时，应当防止杀鼠剂危害人畜安全；农作物病虫害发生时，应当及时采取防止农作物病虫害扩散的控制措施；发现农作物病虫害严重发生或者暴发的，应当及时报告所在地县级农业农村主管部门。

Q 130. 县级以上地方人民政府及有关部门应急处置农作物病虫害，应当采取哪些措施

依照《条例》规定，农作物病虫害应急处置期间，县级以上地方人民政府可以根据需要依法调集必需的物资、运输工具以及相关设施设备。农作物病虫害暴发时，县级以上地方人民政府应当立即启动应急响应，划定应急处置的范围和面积，组织和调集应急处置队伍，启用应急备用药剂、机械等物资，组织应急处置行动；公安、交通运输等主管部门应当为应急处置所需物资的调度、运输提供便利条件，民用航空主管部门应当为应急处置航空作业提供优先保障，气象主管机构应当为应急处置提供气象信息服务，其他有关部门应当在各自职责范围内做好农作物病虫害应急处置工作。

Q 131. 国家鼓励支持农作物病虫害防治的措施有哪些

《条例》设定了多项国家鼓励支持农作物病虫害防治措施：鼓励和支持开展农作物病虫害防治科技创新、成果转化和依法推广应用，普及应用信息技术、生物技术，推进农作物病虫害防治的智能化、专业化、绿色化；鼓励和支持使用生态治理、健康栽培、生物防治、物理防治等绿色防控技术和先进施药机械以及安全、高效、经济的农药；鼓励和支持农作物病虫害防治国际合作与交流；鼓励和支持保险机构开展农作物病虫害防治相关保险业务，鼓励和支持农业生产经营者等有关单位和个人参加保险；通过政府购买服务等方式鼓励和扶持专业化病虫害防治服务组织；对在农作物病虫害防治工作中作出突出贡献的单位和个人，按照国家有关规定予以表彰等。

132. 专业化病虫害防治组织开展农作物病虫害防治业务应当遵守哪些行为规范

专业化病虫害防治服务组织应当遵守下列行为规范：

（1）配备相应的设施设备、技术人员、田间作业人员并制定规范的管理制度。

（2）与服务对象共同商定服务方案或者签订服务合同。

（3）遵守国家有关农药安全、合理使用制度，建立服务档案，如实记录服务的时间、地点、内容以及使用农药的名称、用量、生产企业、农药包装废弃物处置方式等信息。

（4）定期组织田间作业人员参加技术培训，为田间作业人员参加工伤保险缴纳工伤保险费并配备必要的防护用品。

（5）开展农作物病虫害预防控制航空作业，应当按照国家有关规定向公众公告作业范围、时间、施药种类以及注意事项；需要办理飞行计划或者备案手续的，应当按照国家有关规定办理。

Q 133. 专业化病虫害防治组织的田间作业人员有哪些权利和义务

依照《条例》，专业化病虫害防治组织的田间作业人员的权利和义务表现为：一方面，专业化病虫害防治服务组织的田间作业人员有权参加工伤保险，投保人身意外伤害保险并要求所在单位为其缴纳工伤保险费；有权要求所在单位配备必要的防护用品；有权参加所在单位组织的技术培训。另一方面，上述田间作业人员应当能够正确识别服务区域的农作物病虫害，正确掌握农药适用范围、施用方法、安全间隔期等专业知识以及田间作业安全防护知识，正确使用施药机械以及农作物病虫害防治相关用品。

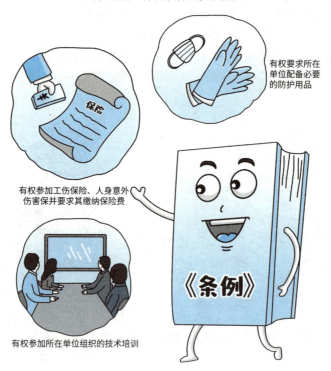

有权要求所在单位配备必要的防护用品

有权参加工伤保险、人身意外伤害保并要求其缴纳保险费

有权参加所在单位组织的技术培训

第十一部分
生猪屠宰管理条例

扫码阅读
《生猪屠宰管理条例》全文

Q 134.《生猪屠宰管理条例》设立的生猪屠宰管理法律 制度有哪些

　　为了加强生猪屠宰管理，保证生猪产品质量安全，《生猪屠宰管理条例》设定了下列法律制度。

　　（1）定点屠宰制度。未经定点，不得从事生猪屠宰活动；任何单位和个人不得为未经定点违法从事生猪屠宰活动的单位或者个人提供生猪屠宰场所或者生猪产品储存设施。

　　（2）生猪定点屠宰厂（场）分级管理制度。即根据生产经营规模、生产和技术条件以及质量安全管理状况，评定并公布生猪定点屠宰厂（场）等级，引导其向机械化、规模化、标准化方向发展。

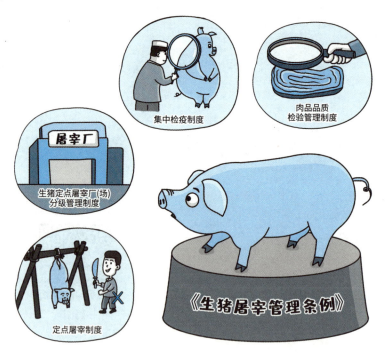

集中检疫制度

肉品品质
检验管理制度

生猪定点屠宰厂(场)
分级管理制度

定点屠宰制度

《生猪屠宰管理条例》

（3）集中检疫制度。由派驻官方兽医对生猪实施宰前检疫和宰后生猪产品检疫，出具检疫证明，加施检疫标志。

（4）肉品品质检验管理制度。肉品品质检验应当与生猪屠宰同步进行；对检验合格的肉品，加盖检验合格印章。

Q 135. 设立生猪定点屠宰厂（场）应当达到哪些要求

依据《生猪屠宰管理条例》规定，设立生猪定点屠宰厂（场）应当符合所在地省级人民政府批准的生猪屠宰厂（场）设置规划并具备下列条件：

（1）有与屠宰规模相适应、水质符合国家规定标准的水源条件。

（2）有符合国家规定要求的待宰间、屠宰间、急宰间以及生猪屠宰设备和运载工具。

（3）有依法取得健康证明的屠宰技术人员。

（4）有经考核合格的肉品品质检验人员。

（5）有符合国家规定要求的检验设备、消毒设施以及符合环境保护要求的污染防治设施。

（6）有病害生猪及生猪产品无害化处理设施。

（7）依法取得动物防疫条件合格证。

经畜牧兽医、环保等部门依法联合审查，对达到上述要求的生猪屠宰厂（场），报设区的市人民政府颁发生猪定点屠宰证书和生猪定点屠宰标志牌。

136. 在交通不便的农村地区生猪定点屠宰有何特别规定

《生猪屠宰管理条例》规定：在边远和交通不便的农村地区，可以设置仅限于向本地市场供应生猪产品的小型生猪屠宰场点，方便农民肉食消费。《生猪屠宰管理条例》授权省级人民政府制定小型生猪屠宰场点管理办法。综合各地已出台的规定，要求小型生猪屠宰场点的供水水质符合生活饮用水卫生标准；有待宰间、屠宰间以及确保肉品质量安全的基本设施设备，地面硬化不渗漏；屠工持有健康证明，具备屠宰技能和基本肉品检验知识并经培训合格；有必要的消毒工具；有污水排放以及病害肉品无害化处理措施；依法取得动物防疫条件合格证。

经验收符合上述条件的小型生猪屠宰场点，由市、县人民政府颁发小型生猪屠宰场点证书。

Q 137. 为保障出厂（场）的生猪产品质量安全，《生猪屠宰管理条例》对屠宰场所作出哪些行为规范

生猪定点屠宰厂（场）应当对其屠宰、加工、销售的生猪产品质量安全负责。《生猪屠宰管理条例》对其提出下列要求：一要严格实施集中检疫制度和肉品品质检验制度。经检疫、肉品品质检验合格的生猪产品，应当加盖检疫、肉品品质检验合格验讫印章或者附具检疫、肉品品质检验合格标志。屠宰后的生猪产品未经检疫、肉品品质检验或者经检疫、肉品品质检验不合格的，不得出厂（场）。二要坚决杜绝注入异物行为。生猪定点屠宰厂（场）不得对生猪或者生猪产品注水或者注入其他物质，不得屠宰注水或者注入其他物质的生猪。三要做好生猪产品冷藏。对未能及时销售或者及时出厂（场）的生猪产品，应当采取冷冻或者冷藏等必要措施予以储存。

138. 为保障销售使用的生猪产品质量安全,《生猪屠宰管理条例》对相关单位和个人作出哪些行为规范

　　为保障销售使用的生猪产品质量安全,《生猪屠宰管理条例》对生猪定点屠宰厂（场）的相关单位和个人作出如下规定：禁止任何单位和个人对生猪或者生猪产品注水或者注入其他物质；从事生猪产品销售、肉食品生产加工的单位和个人以及餐饮服务经营者、集体伙食单位销售、使用的生猪产品,应当是生猪定点屠宰厂（场）经检疫和肉品品质检验合格的生猪产品。地方人民政府及其有关部门不得限制外地生猪定点屠宰厂（场）经检疫和肉品品质检验合格的生猪产品进入本地市场。

Q **139. 为加强和规范生猪屠宰监督管理，《生猪屠宰管理条例》作出哪些规定**

《生猪屠宰管理条例》专门设立了"监督管理"一章，从 3 个层面加强和规范生猪屠宰监督管理。

一是明确政府职责。要求县级以上地方人民政府加强对生猪屠宰监督管理工作的领导，及时协调、解决生猪屠宰监督管理工作中的重大问题。二是落实监管责任和权限。要求畜牧兽医行政主管部门加强对生猪屠宰活动的日常监督检查。依法进行监督检查时，可以进入生猪屠宰等有关场所实施现场检查；向有关单位和个人了解情况；查阅、复制有关记录、票据以及其他资料；查封与违法生猪屠宰活动有关的场所、设施；扣押与违法生猪屠宰活动有关的生猪、生猪产品以及屠宰工具和设备等。三是建立社会监督机制。由畜牧兽医行政主管部门建立举报制度，公布举报电话、信箱或者电子邮件地址，受理对违反本条例规定行为的举报，并及时依法处理。

140. 在生猪屠宰过程中，为什么要同步实施屠宰检疫和肉品品质检验

　　屠宰检疫、肉品品质检验都是保障生猪产品质量安全的重要法律制度，但两者有不同之处。一是实施主体不同。屠宰检疫由动物卫生监督机构派驻的官方兽医实施，是行政许可行为；肉品品质检验由生猪屠宰场所的肉品检验人员实施，是企业对产品自检行为。二是适用依据不同。屠宰检疫依照《动物检疫管理办法》《动物屠宰检疫操作规范》实施，检疫内容为列入法定检疫对象的动物传染病、寄生虫病；肉品品质检验依照《生猪屠宰产品品质检验规程》（GB/T 1996—1999）和《肉品卫生检验试行规程》等相关国家标准、行业标准实施，检验对象为肉品的卫生、质量指标、感官性状和非检疫对象的动物传染病、寄生虫病。两者应同步实施。

Q 141.《生猪屠宰管理条例》对生猪以外动物的定点屠宰是如何规定的

我国是统一的多民族国家。不同民族肉食消费习惯差异较大，对牛、羊等家畜和家禽定点屠宰不宜由国家层面作出统一规定，但保证肉品质量安全、保障人民身体健康的立法宗旨是一致的。为此，《生猪屠宰管理条例》授权"省、自治区、直辖市人民政府确定实行定点屠宰的其他动物的屠宰管理办法，由省、自治区、直辖市根据本地区的实际情况，参照本条例制定。"目前，全国部分省份以及较大城市根据上述规定制定了家畜屠宰管理地方性法规或者政府规章，牛、羊禽等家畜屠宰被纳入法治轨道。